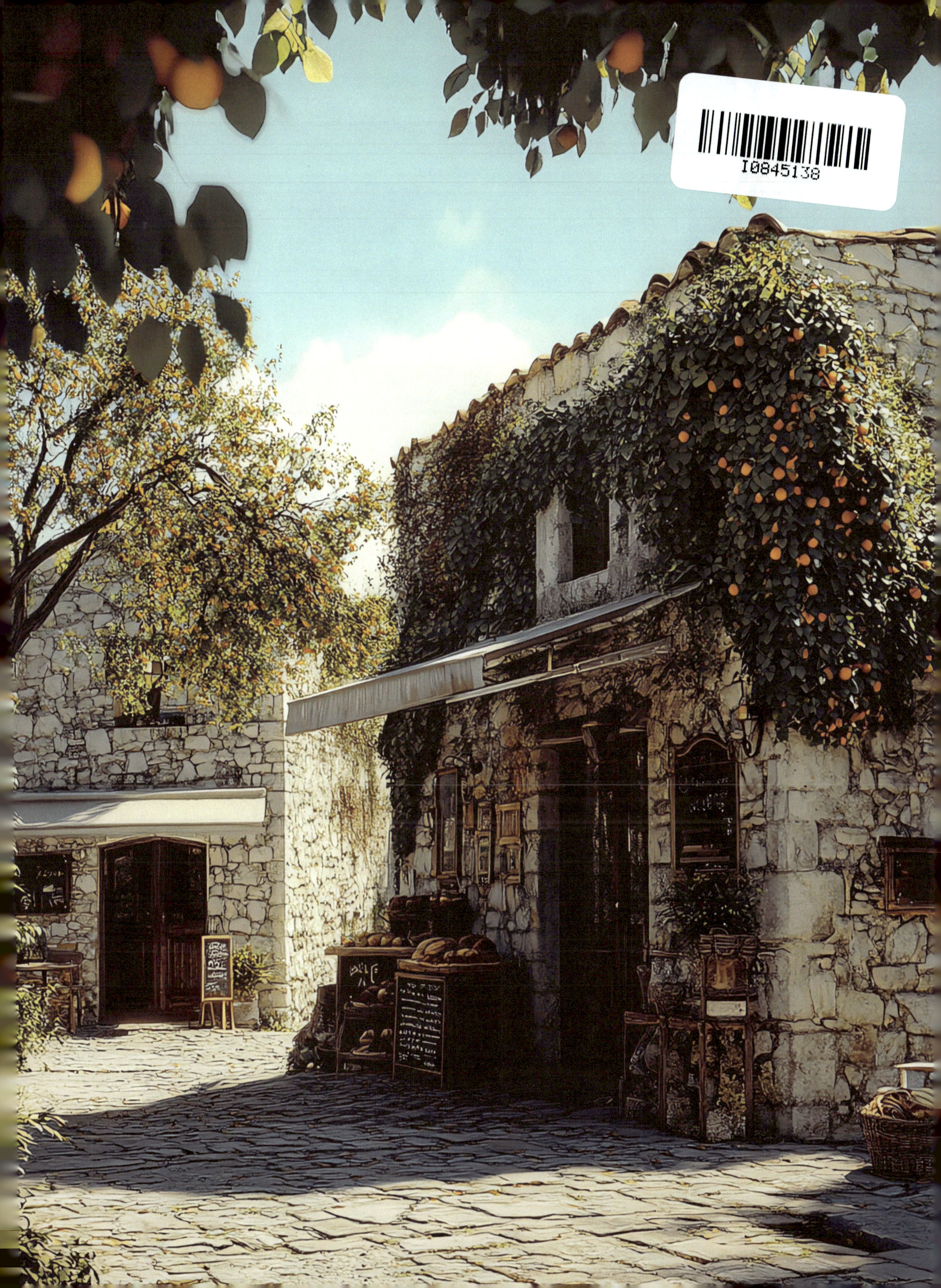

I0845138

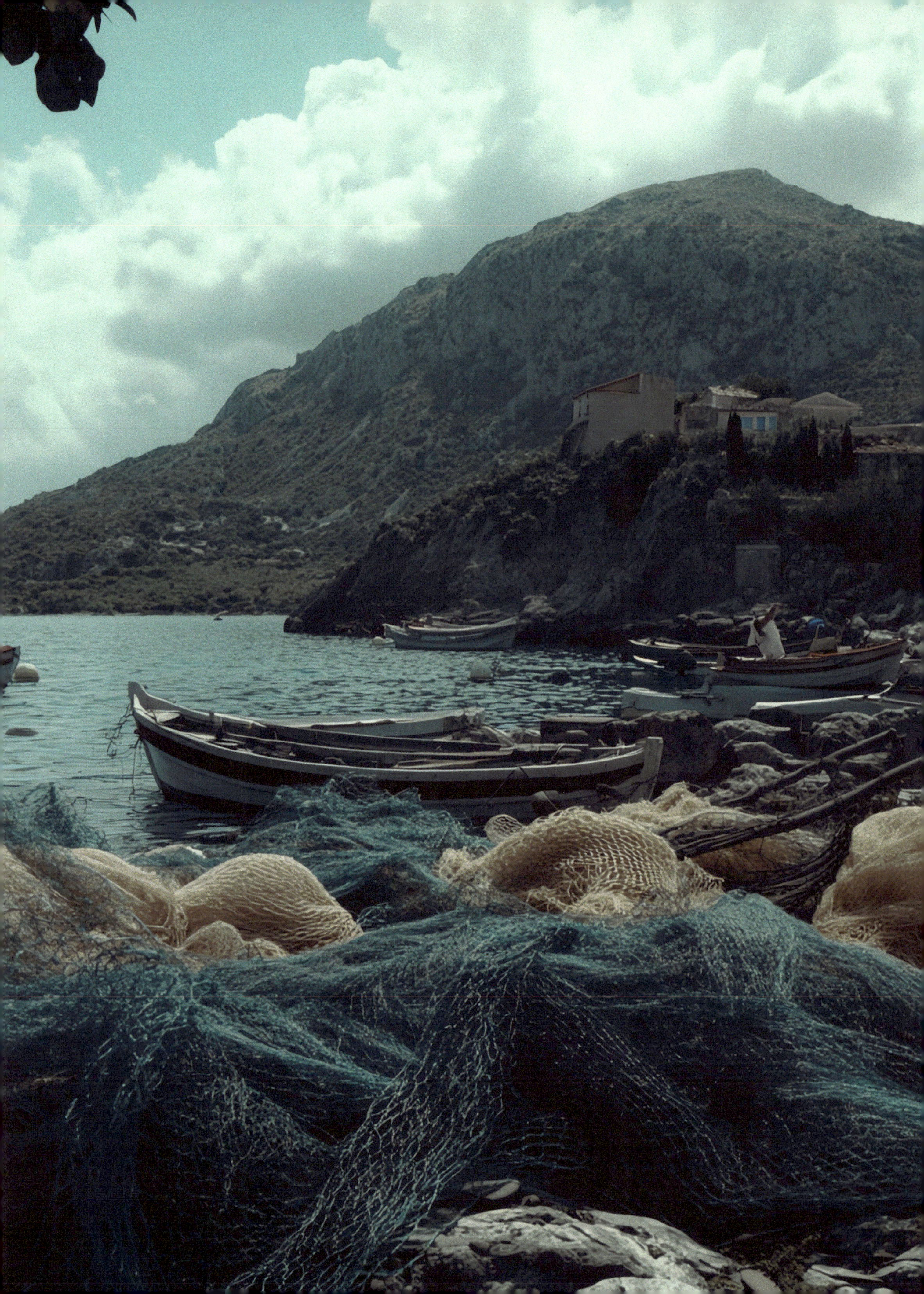

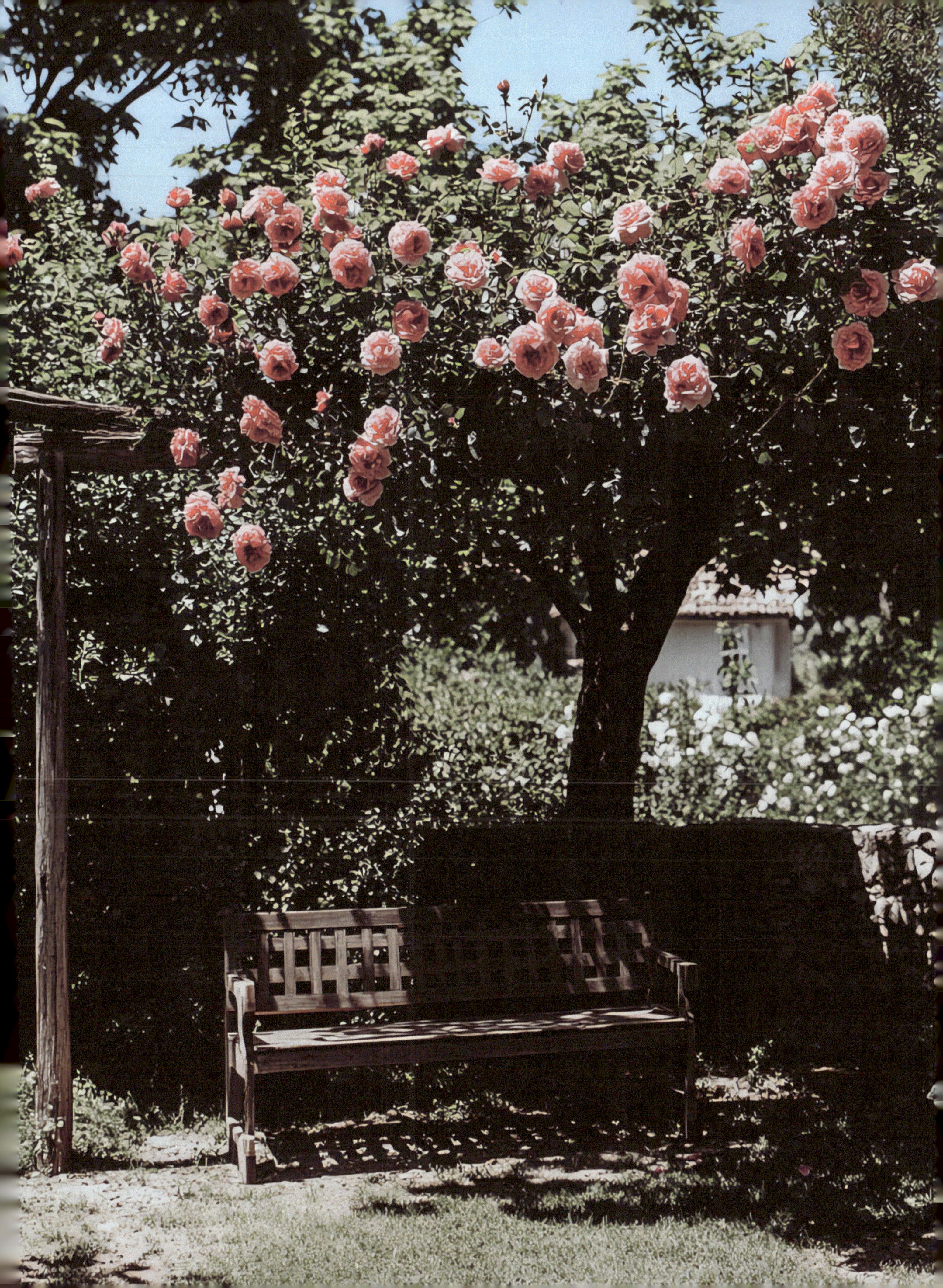

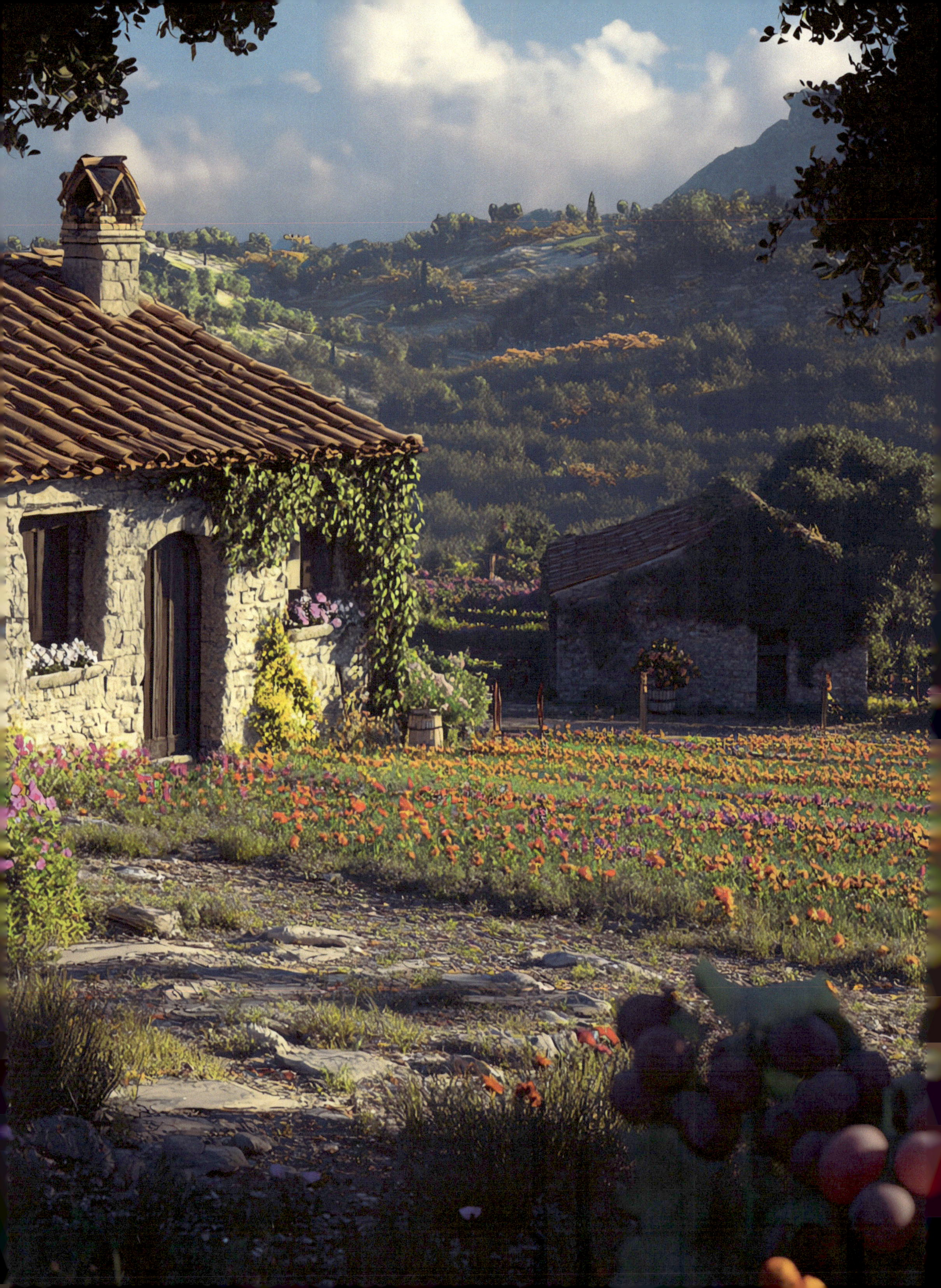

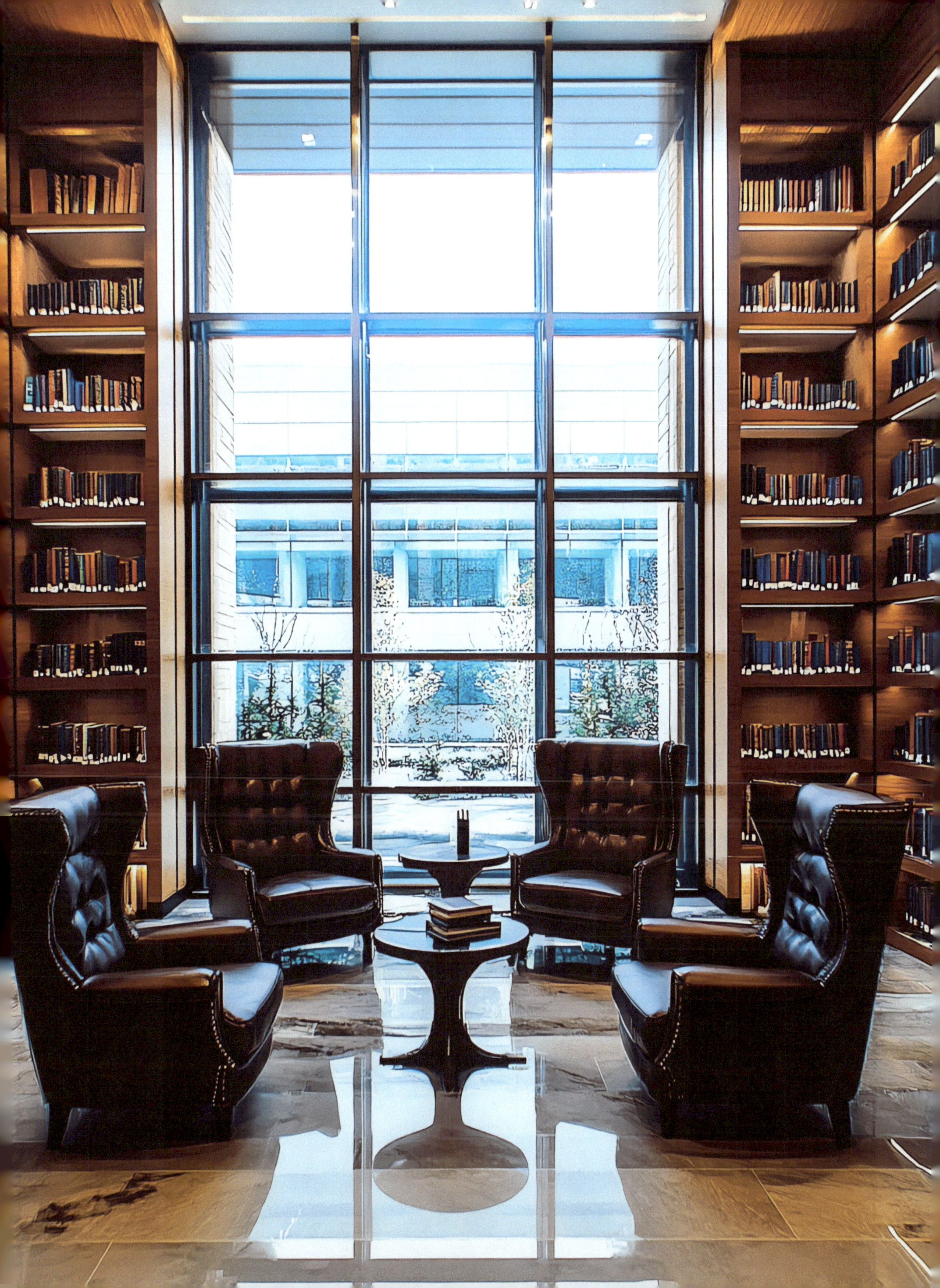

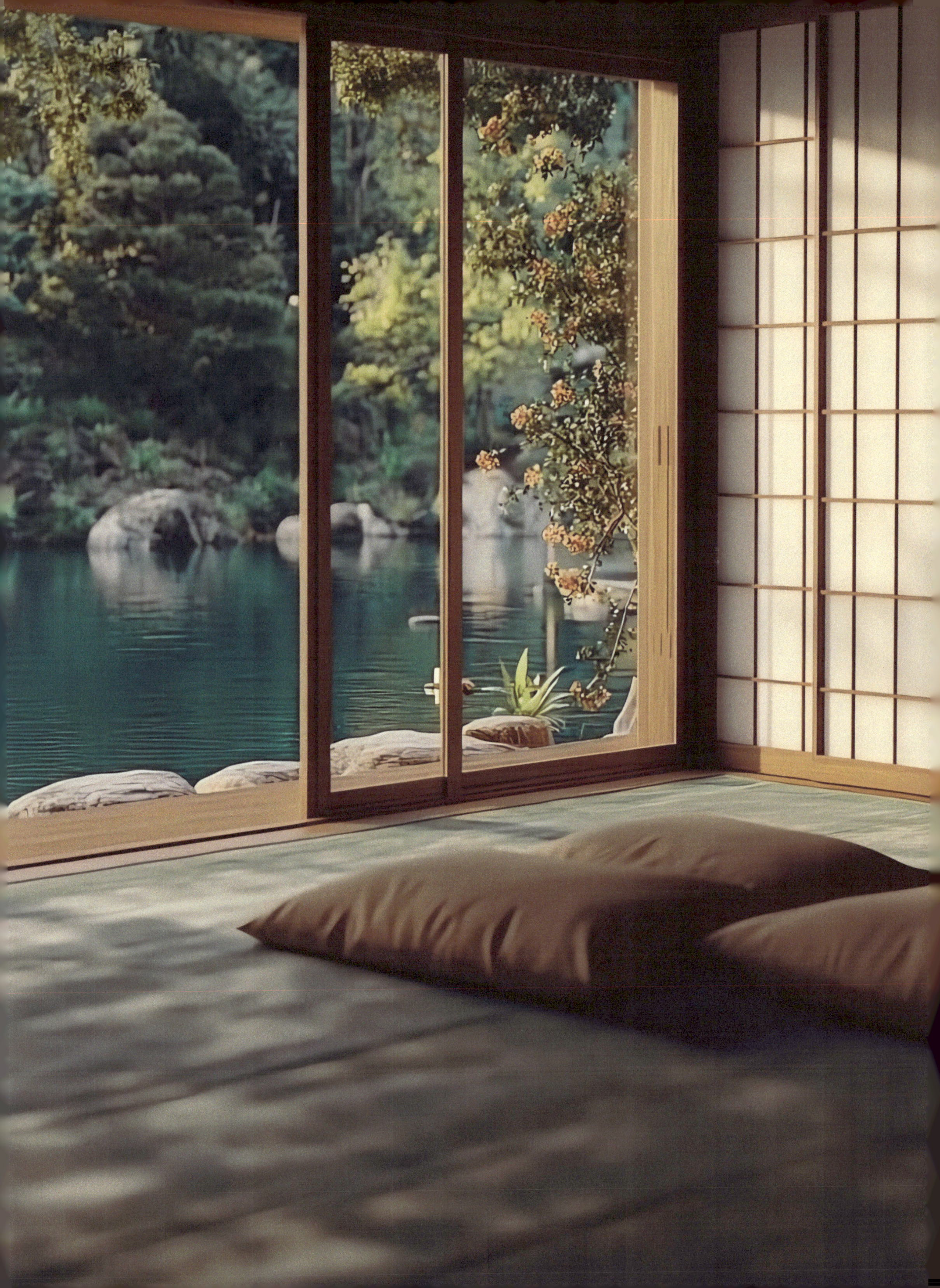

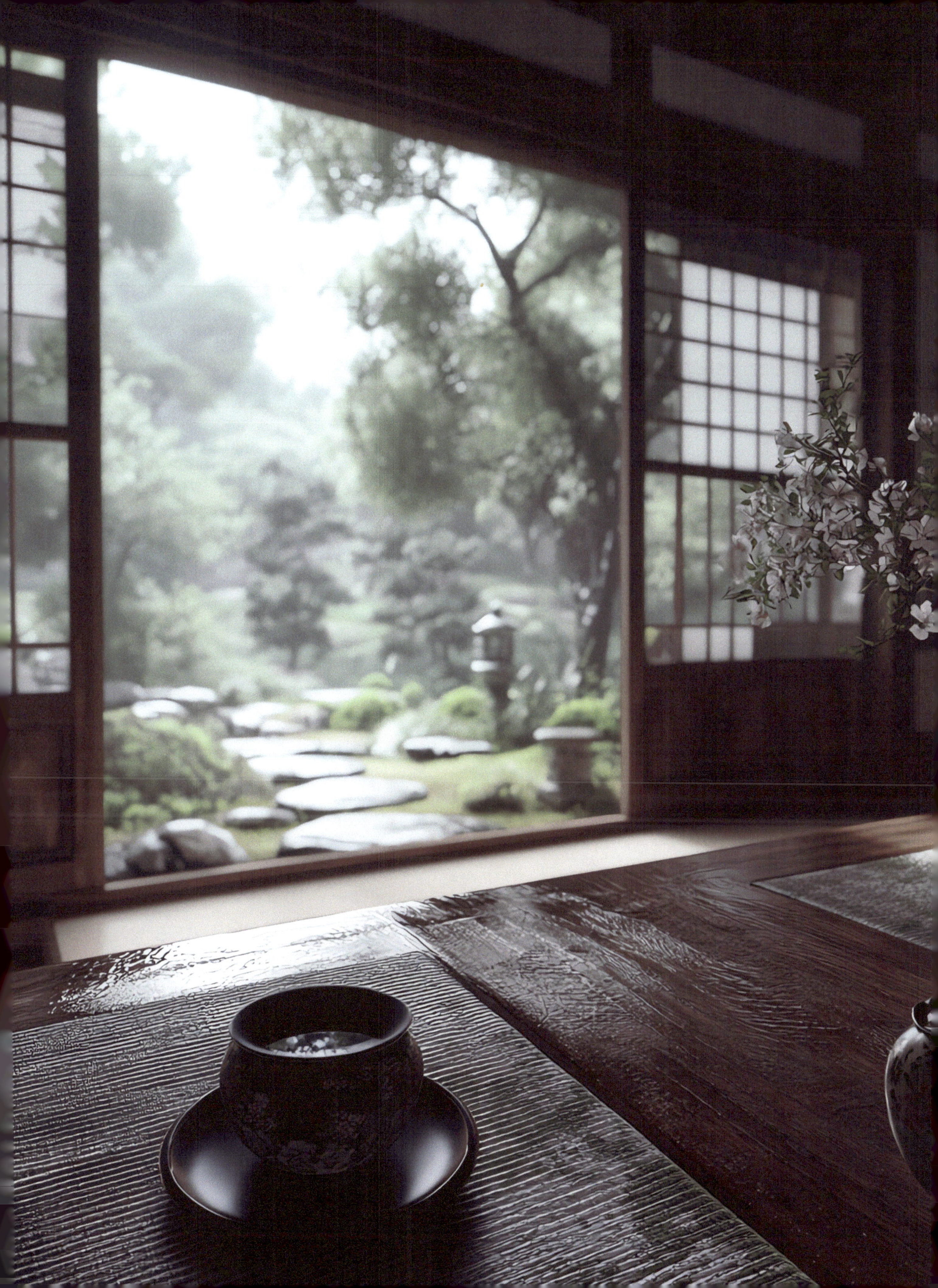

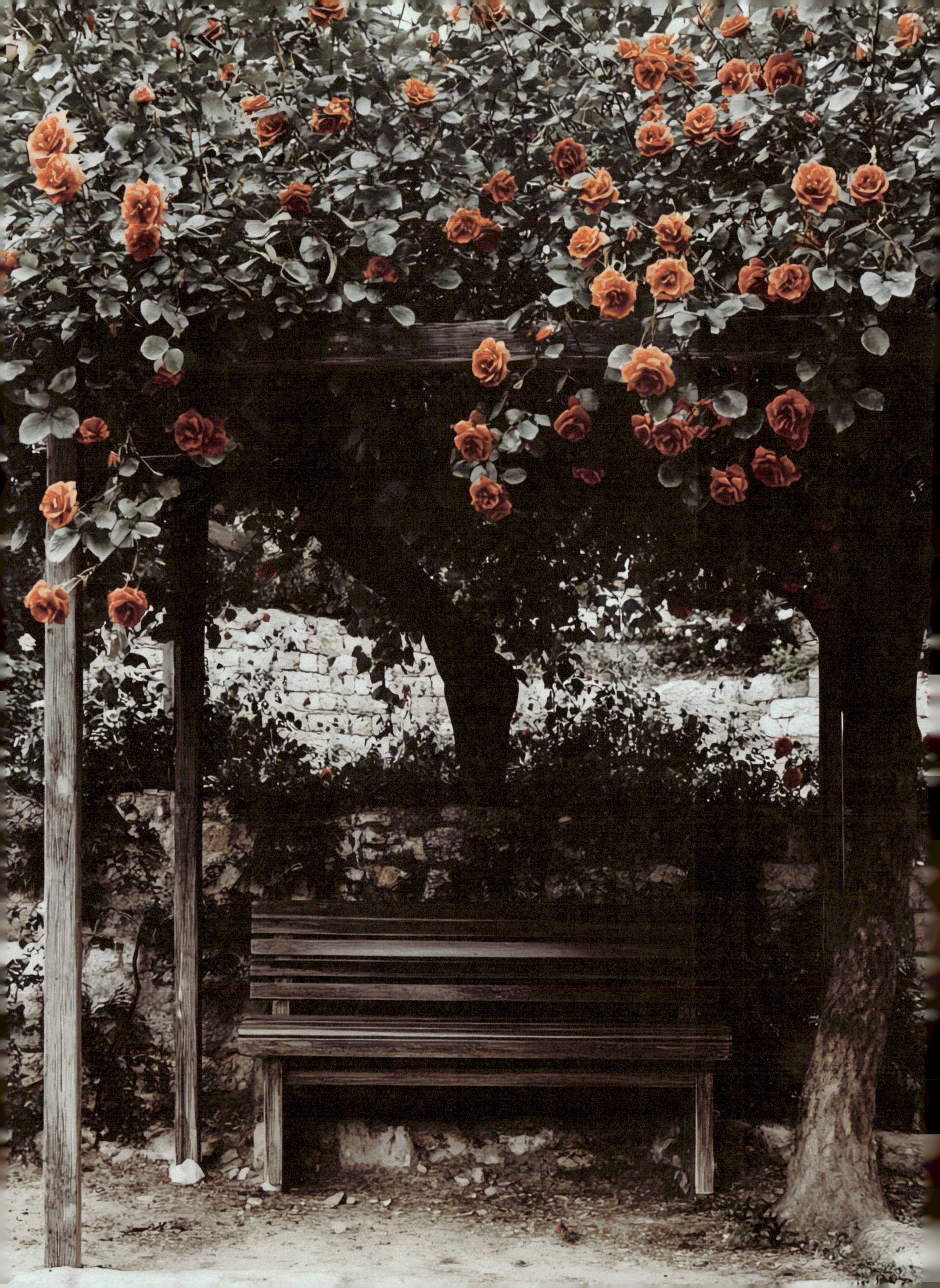

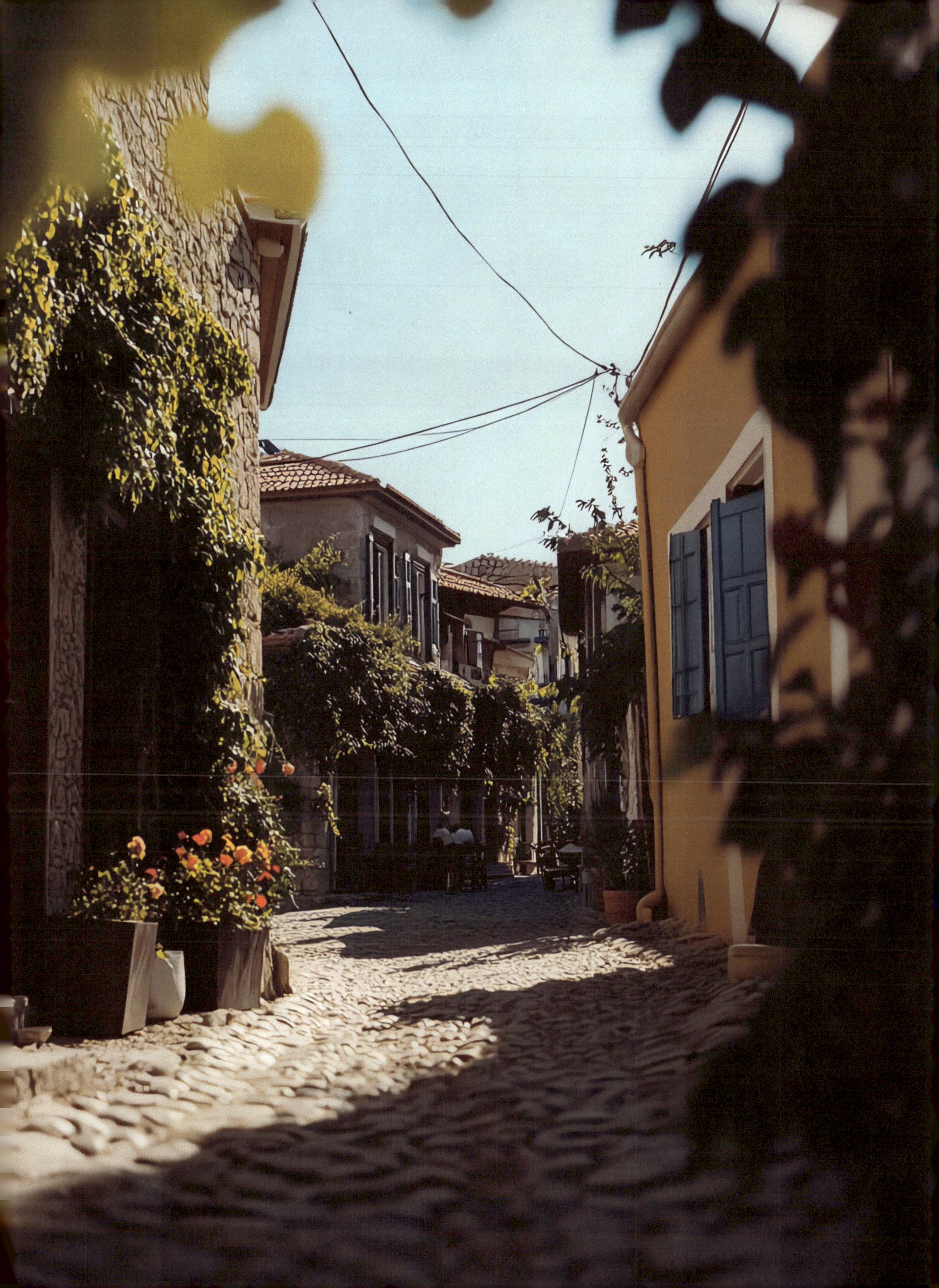

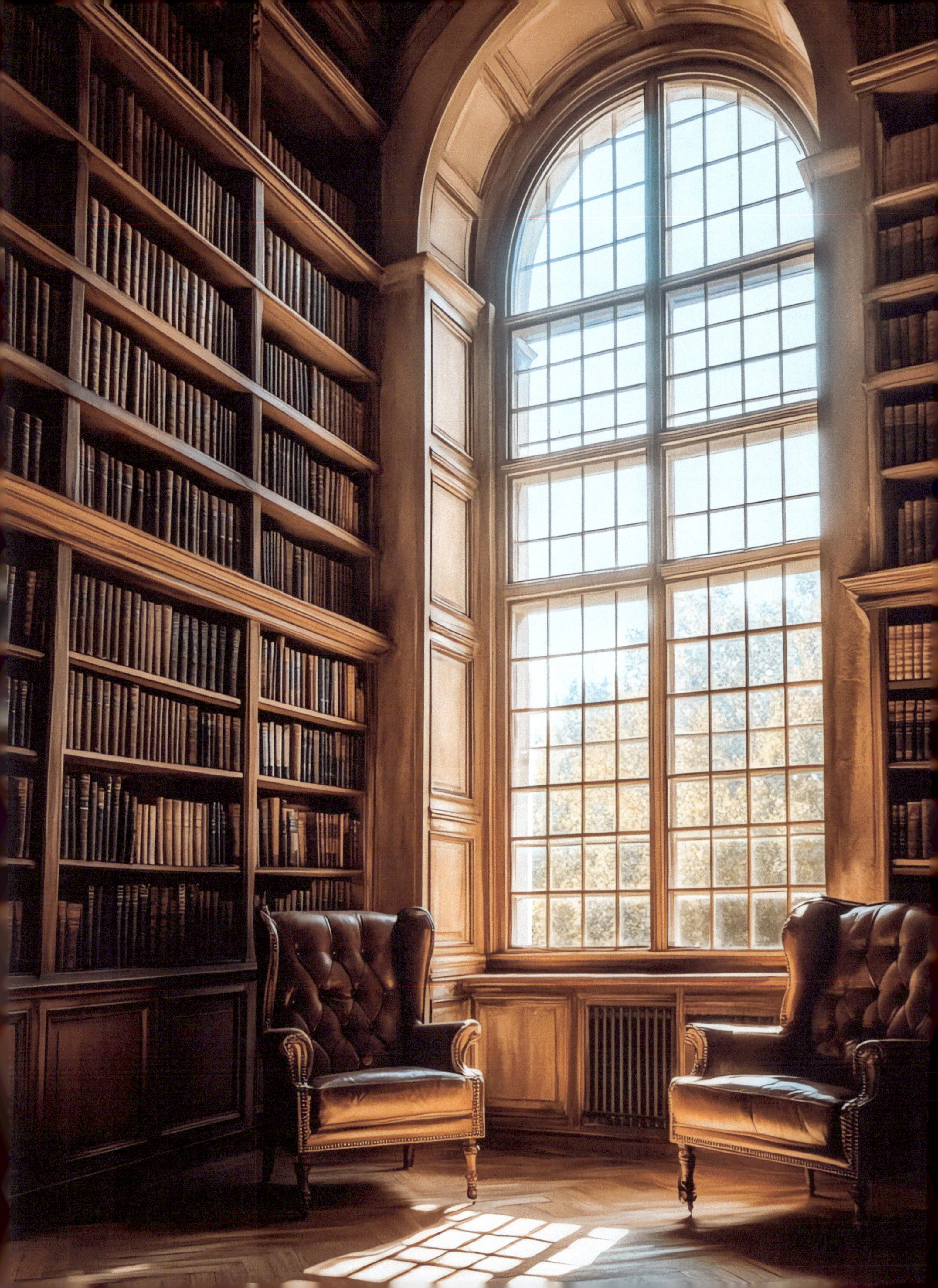

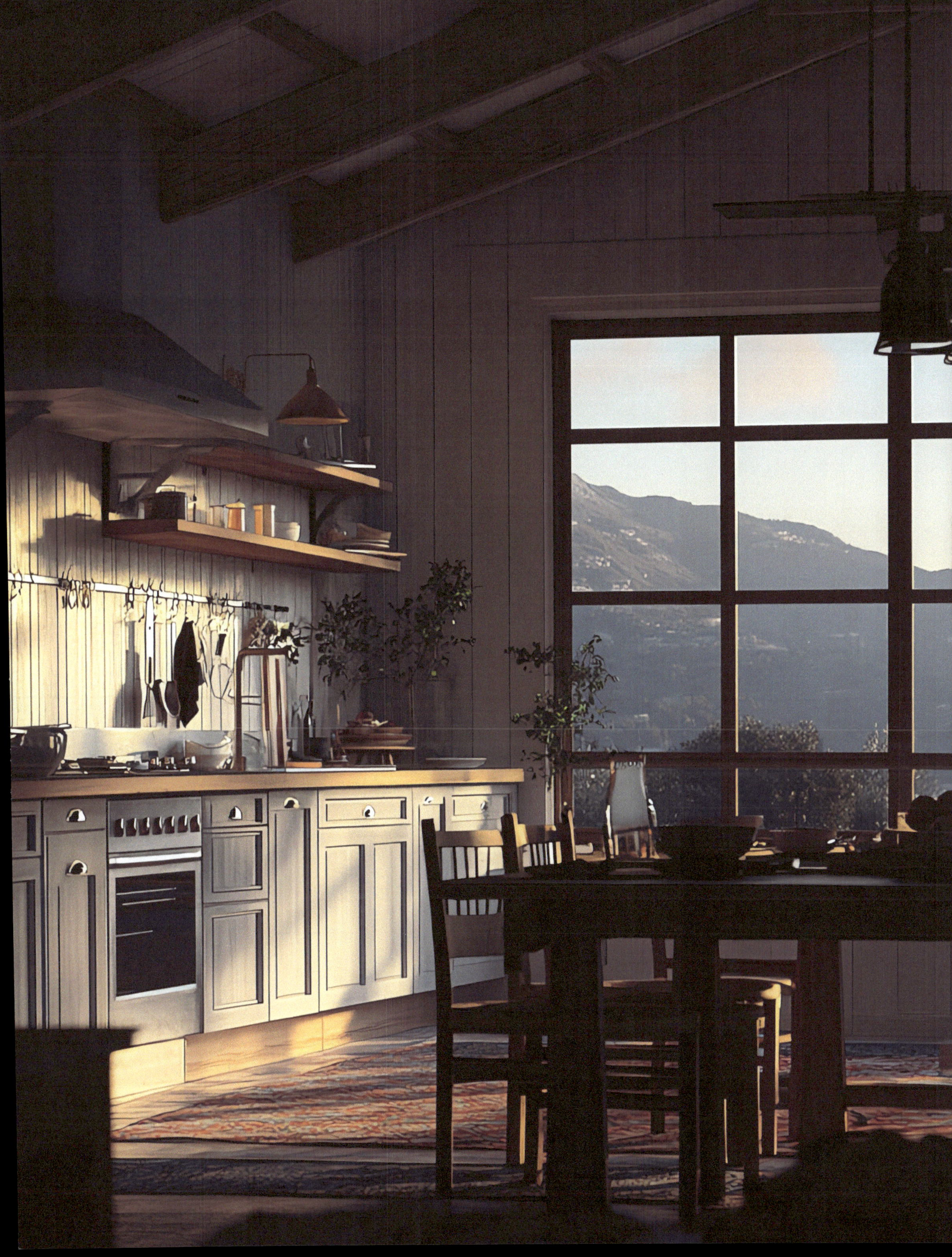

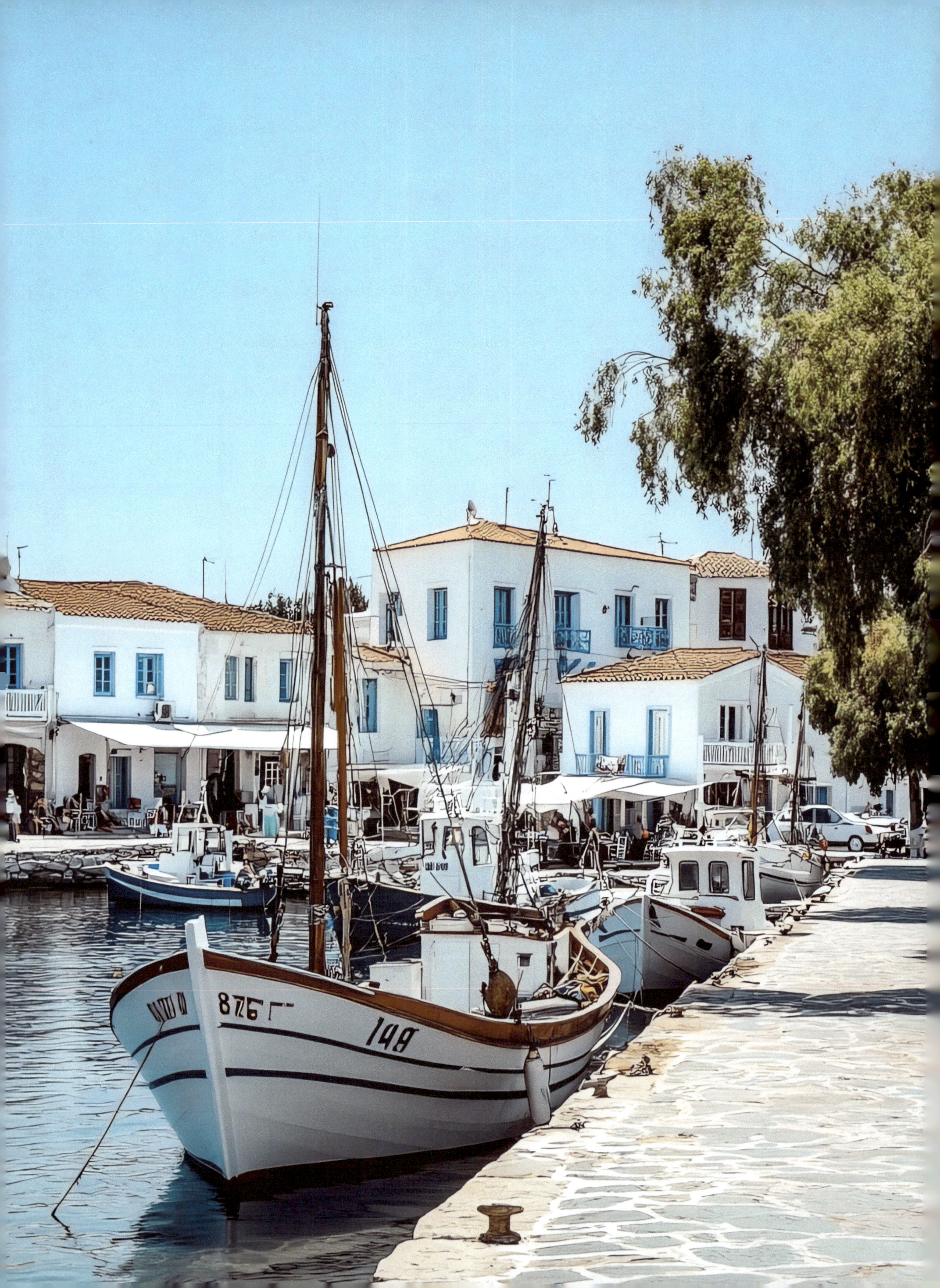
876 Γ
148

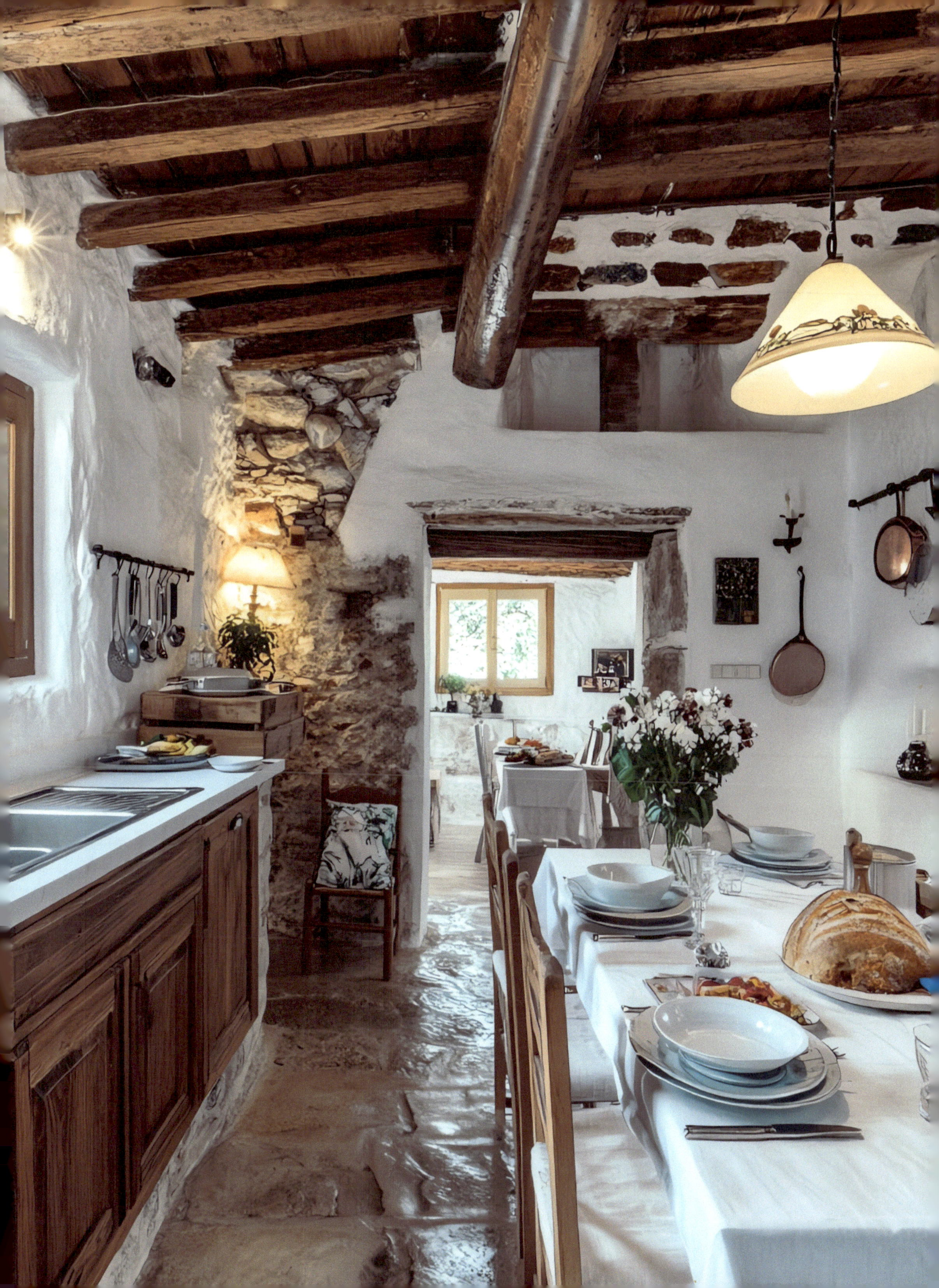

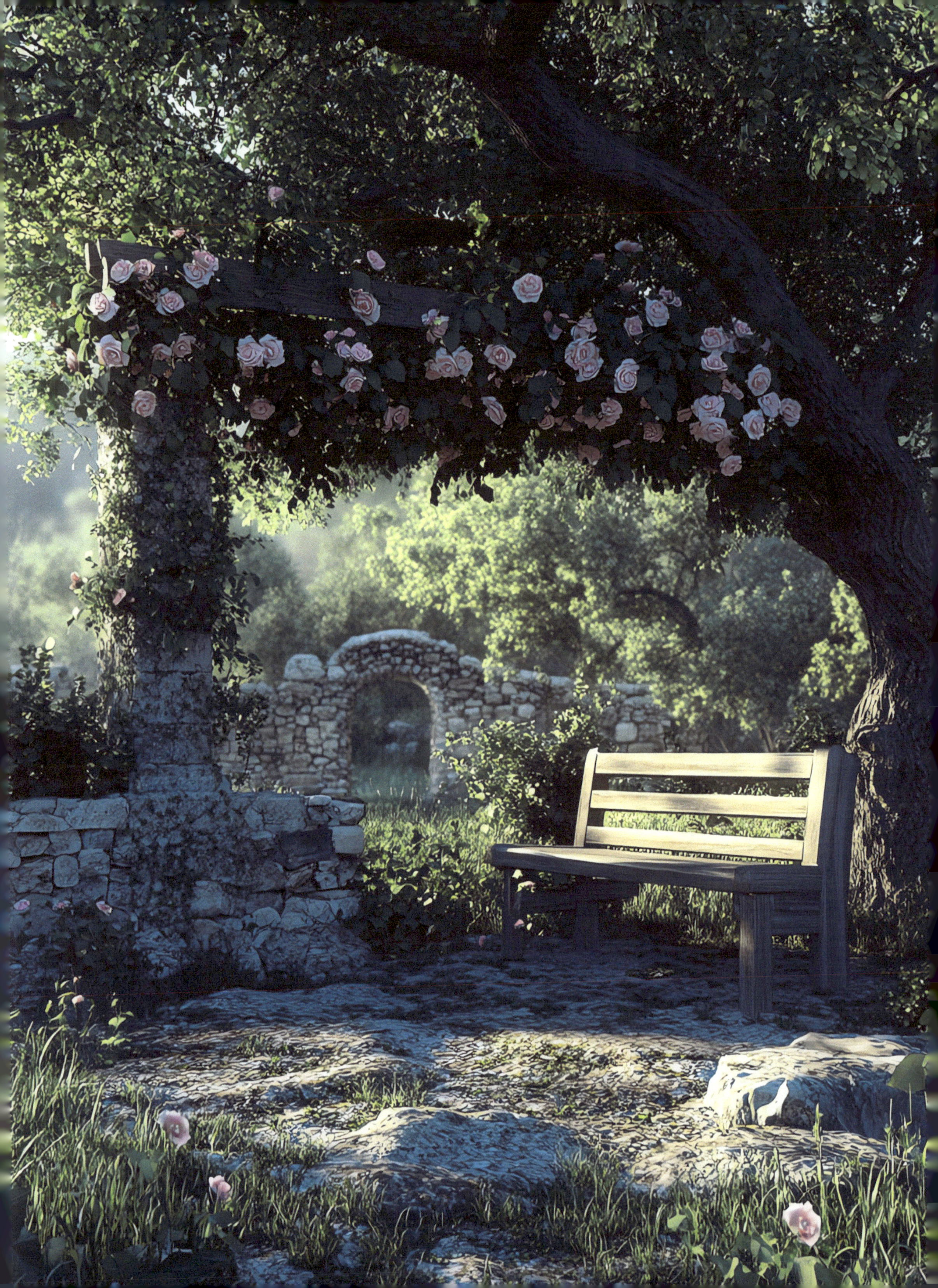

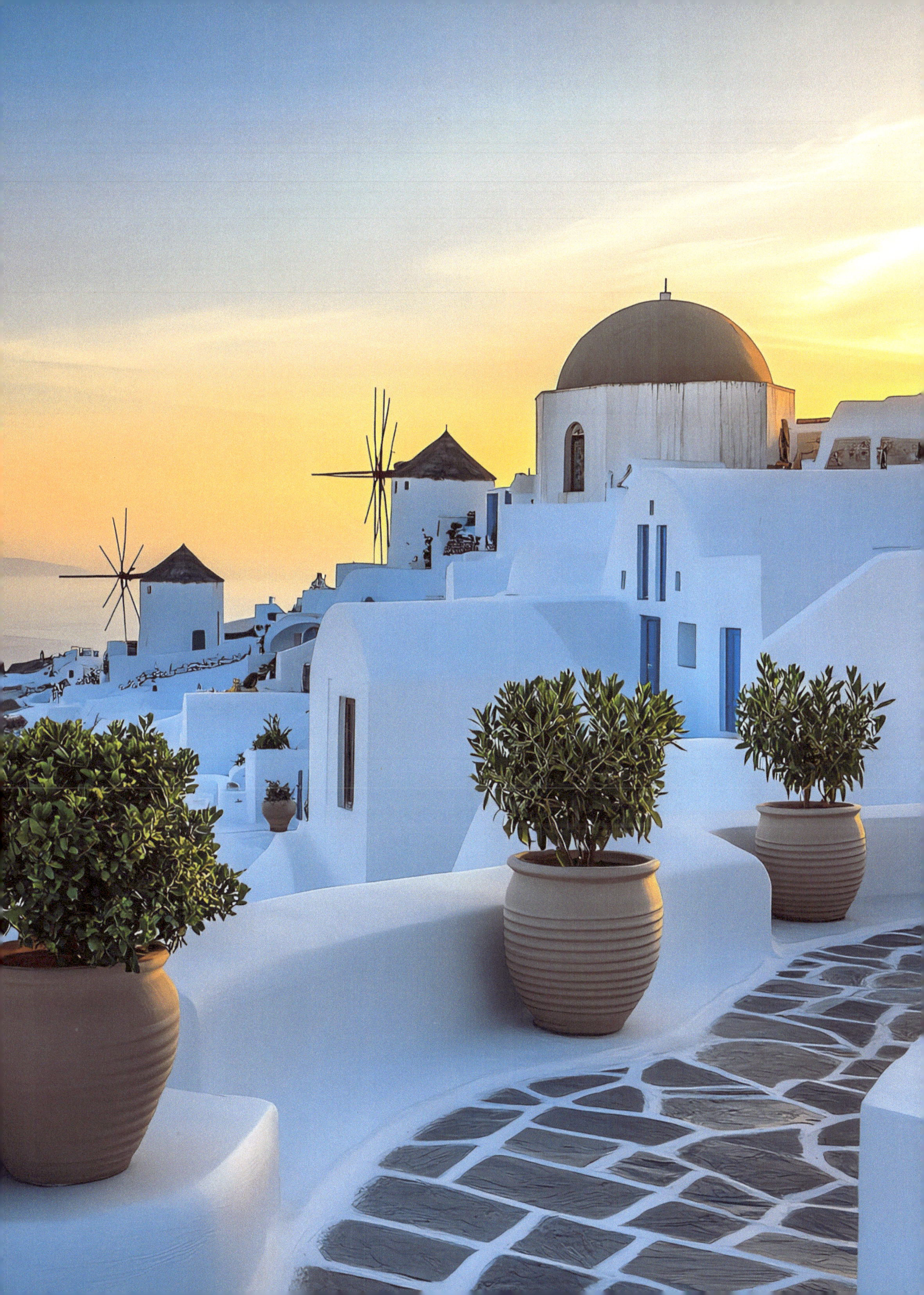

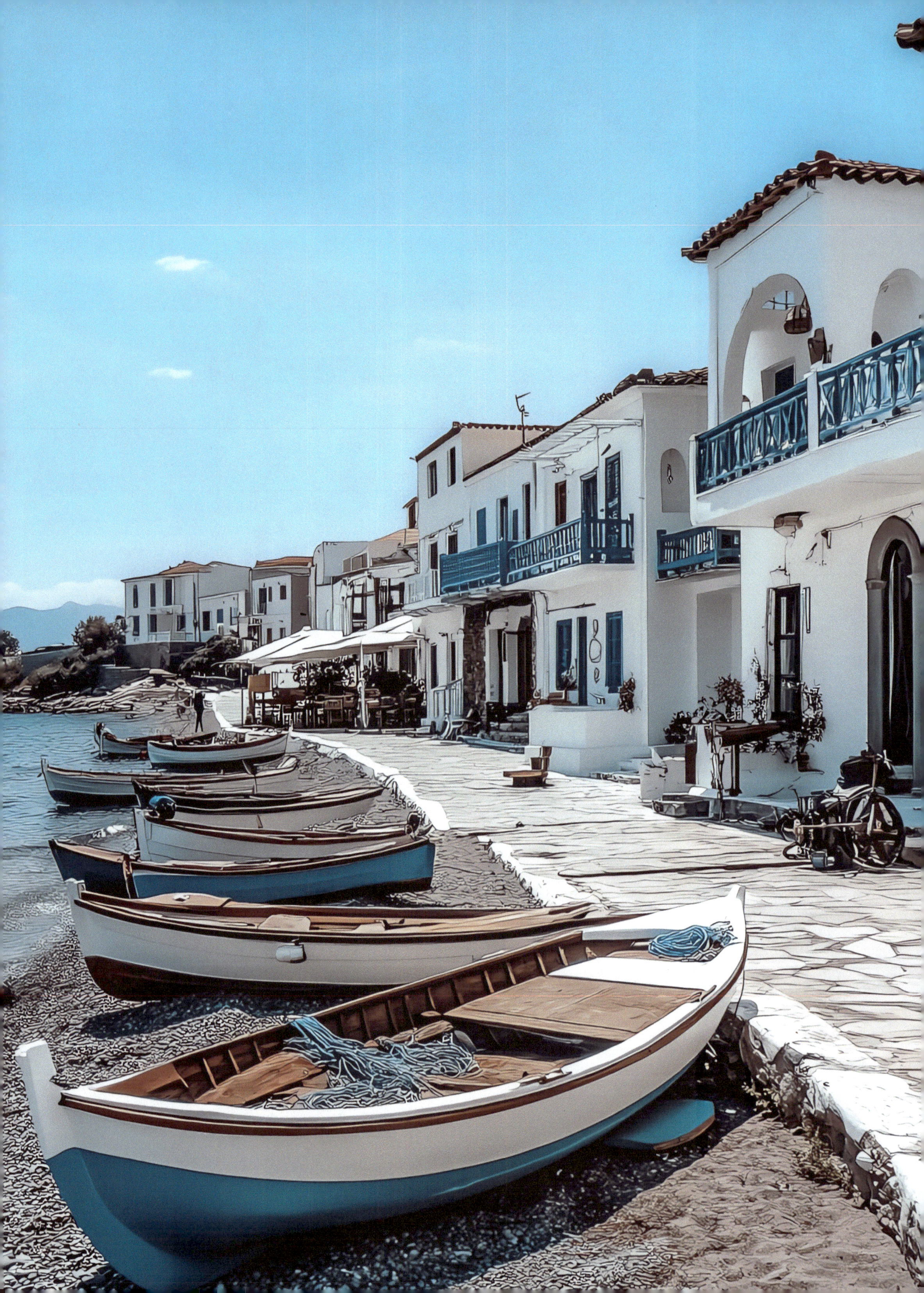

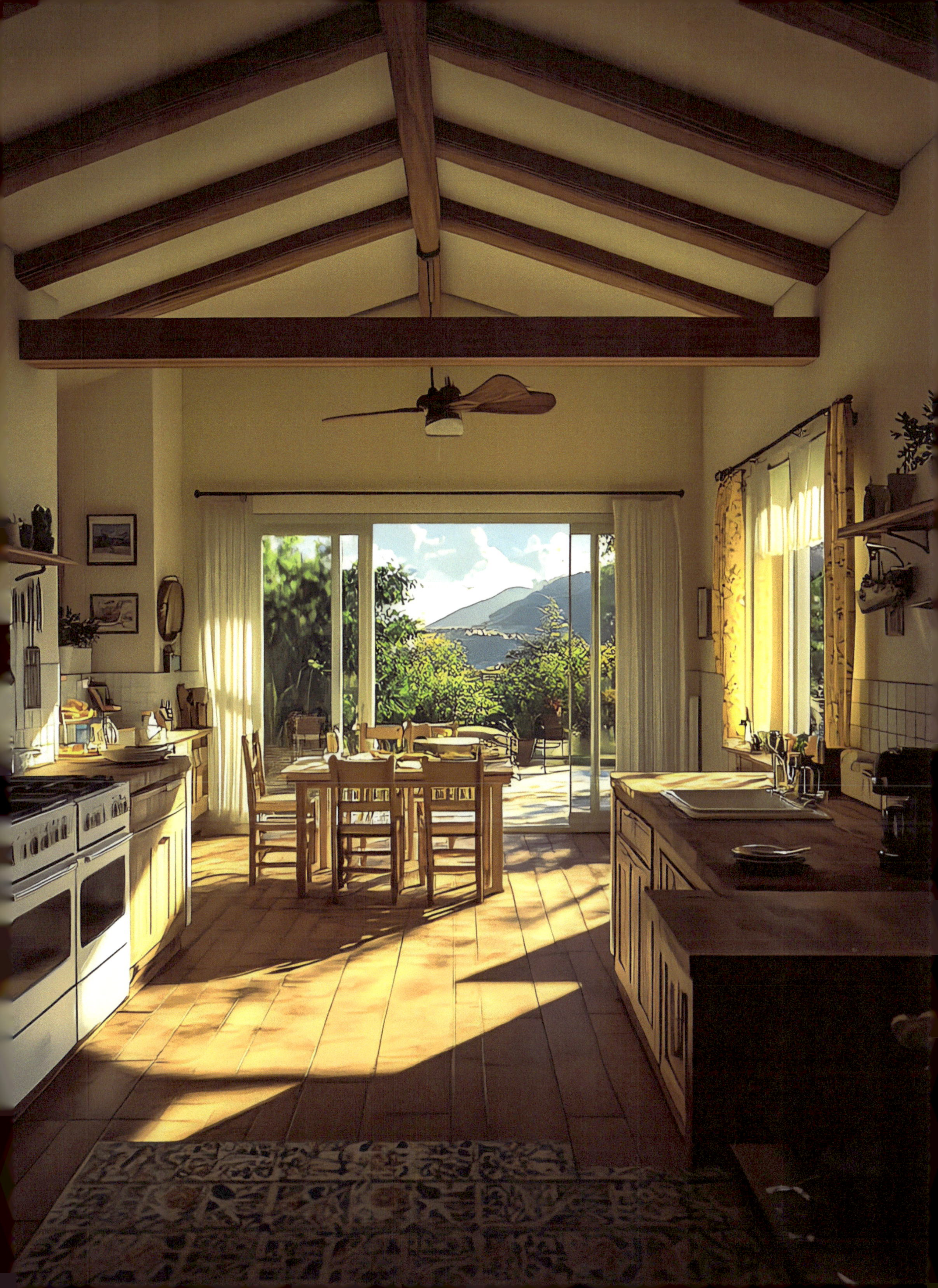

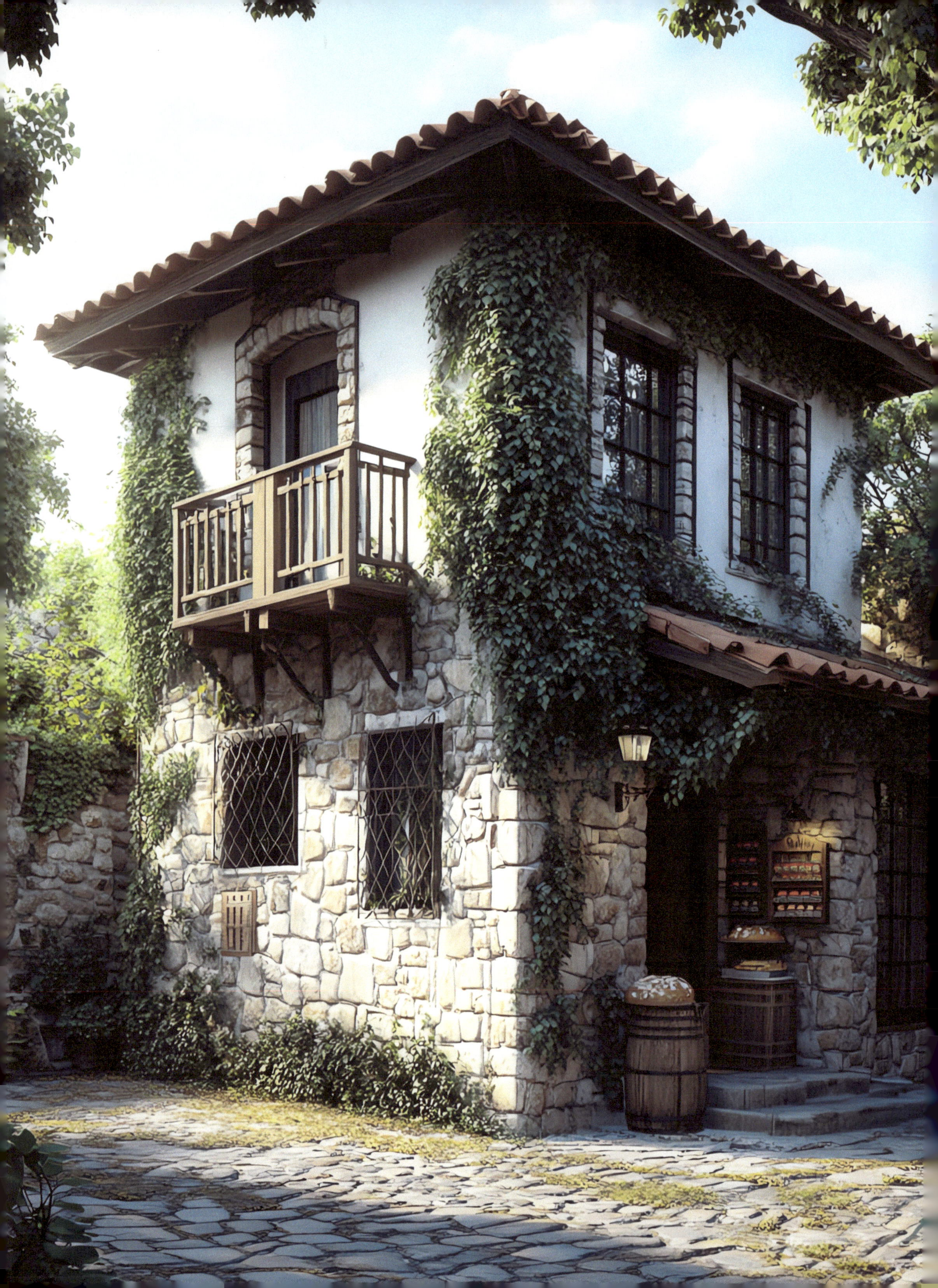

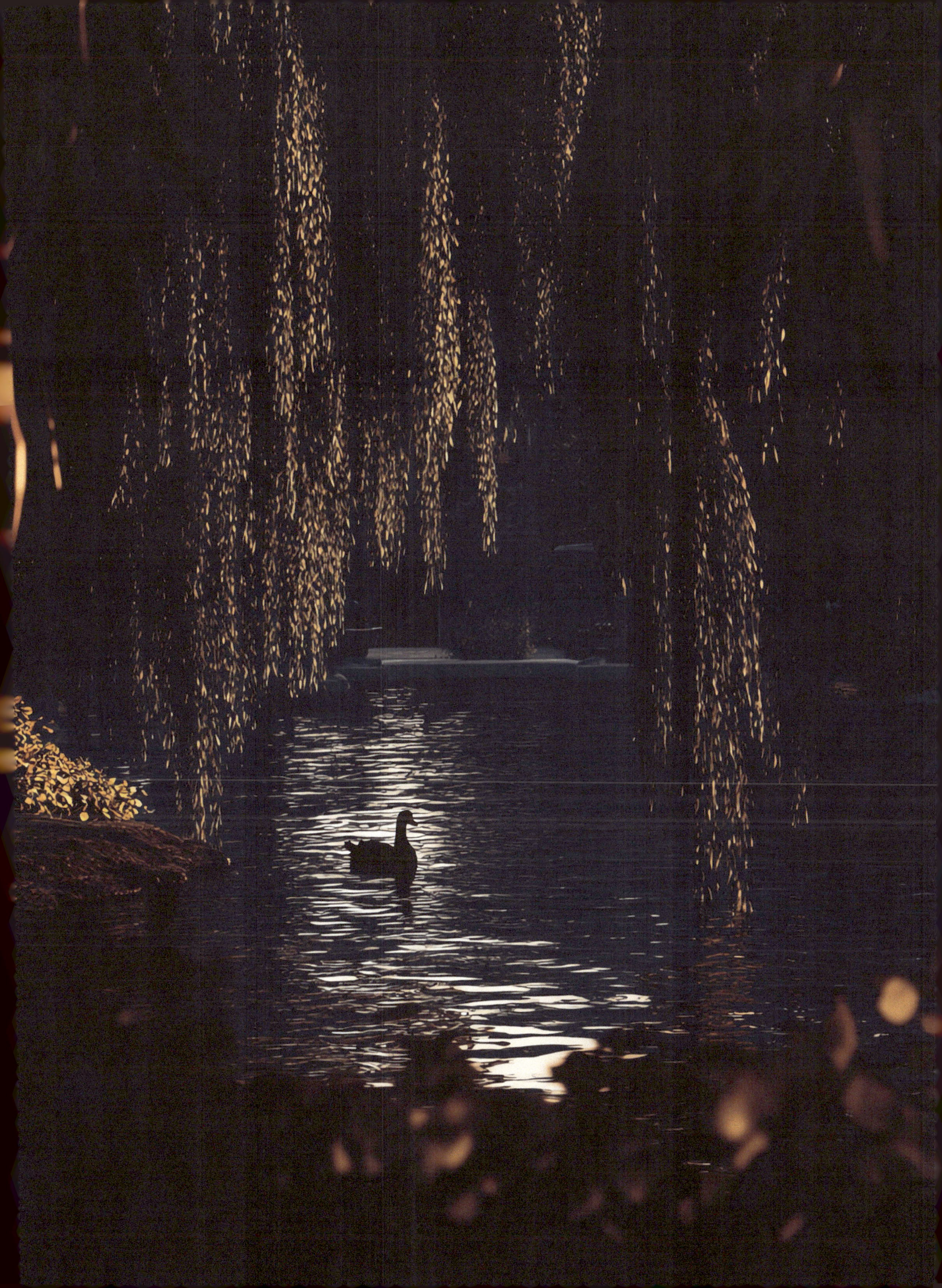

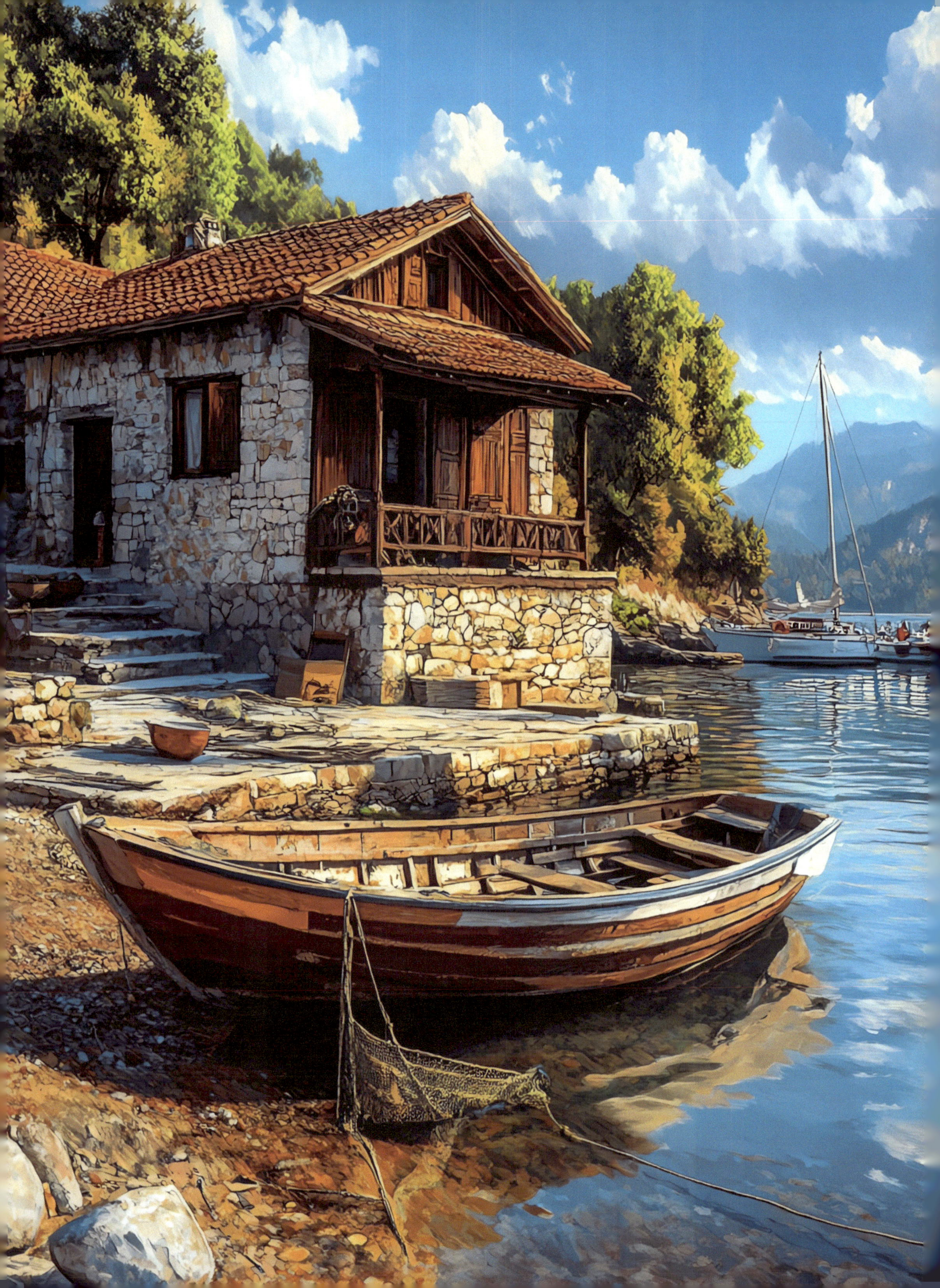

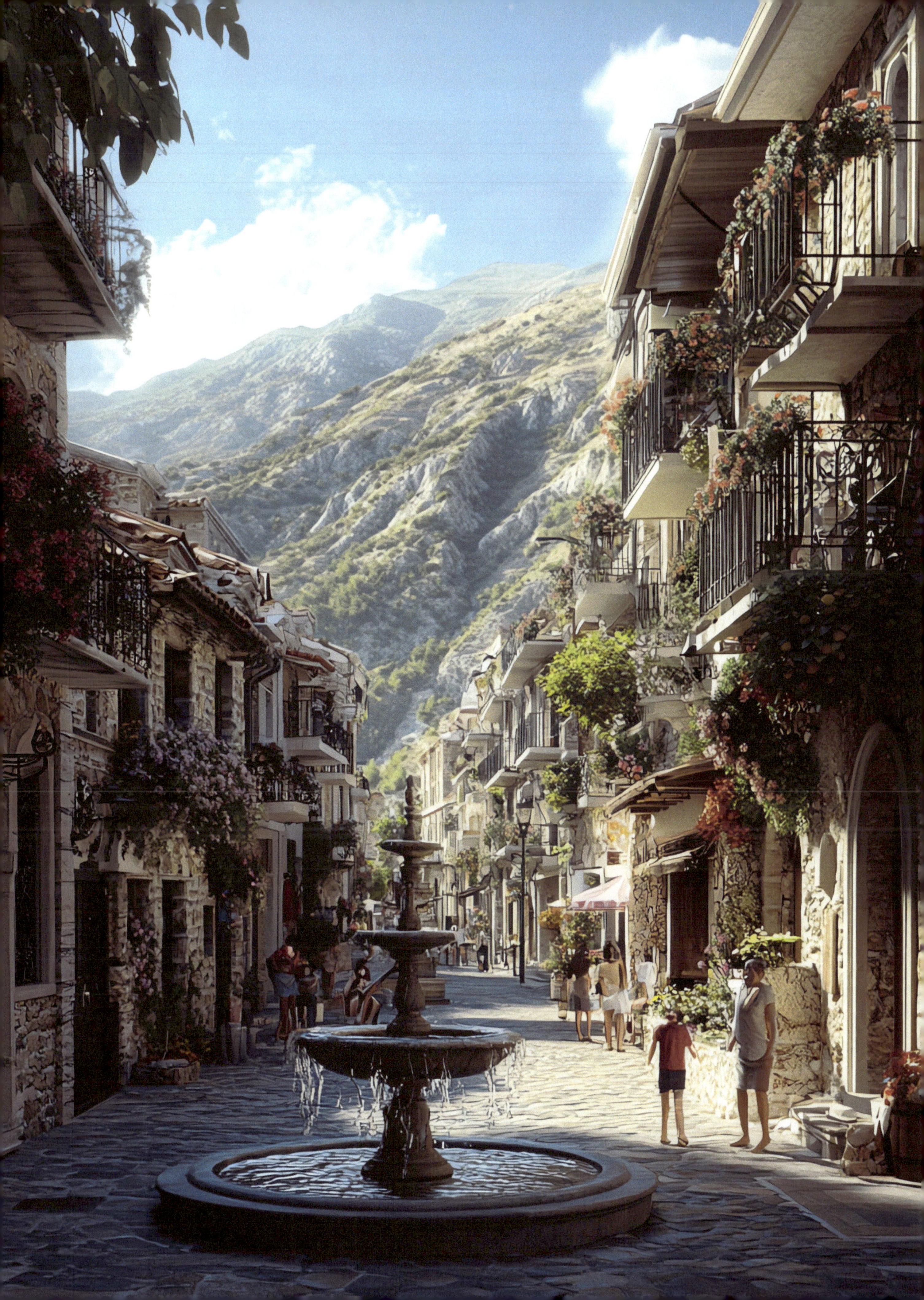

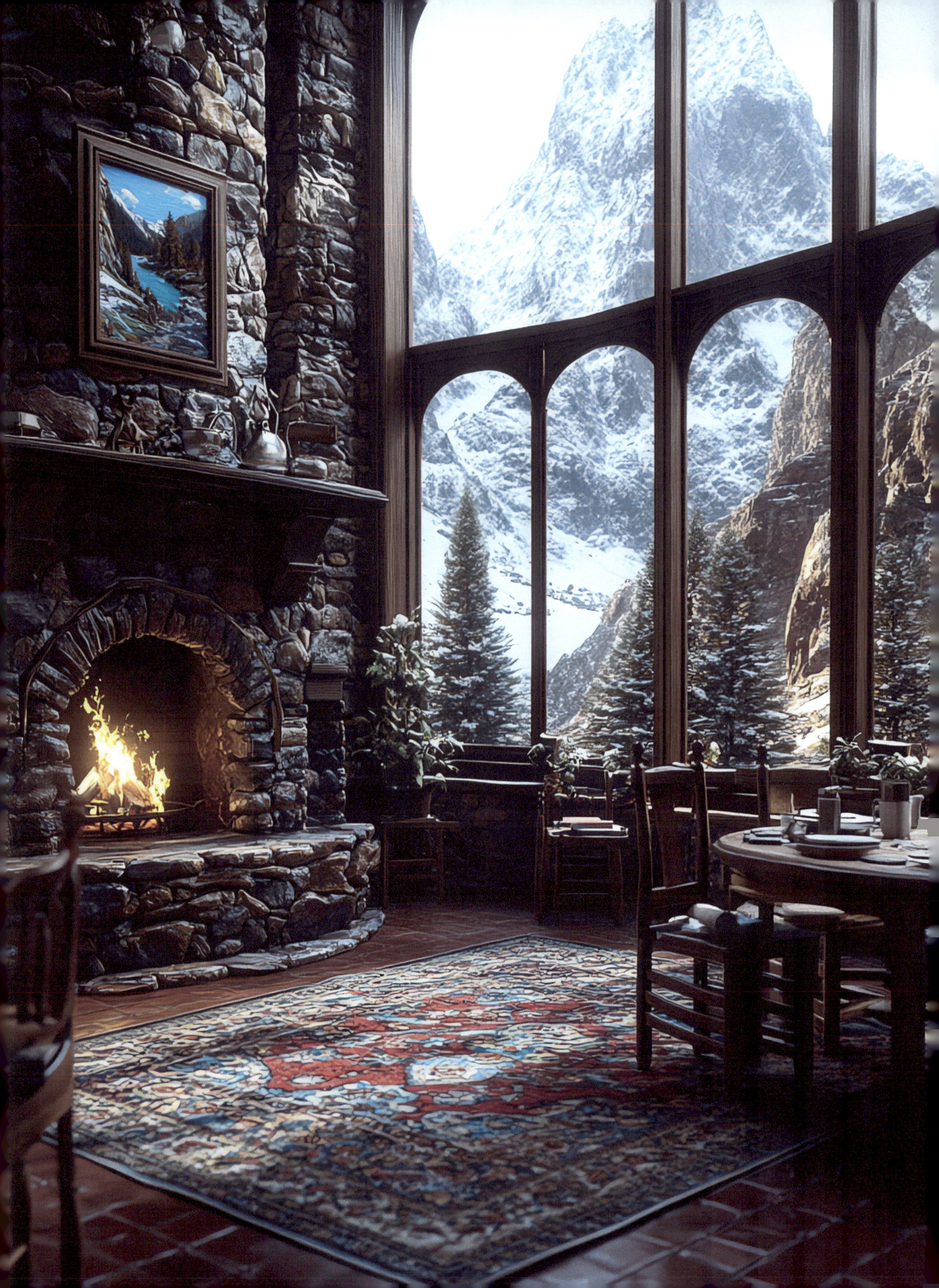

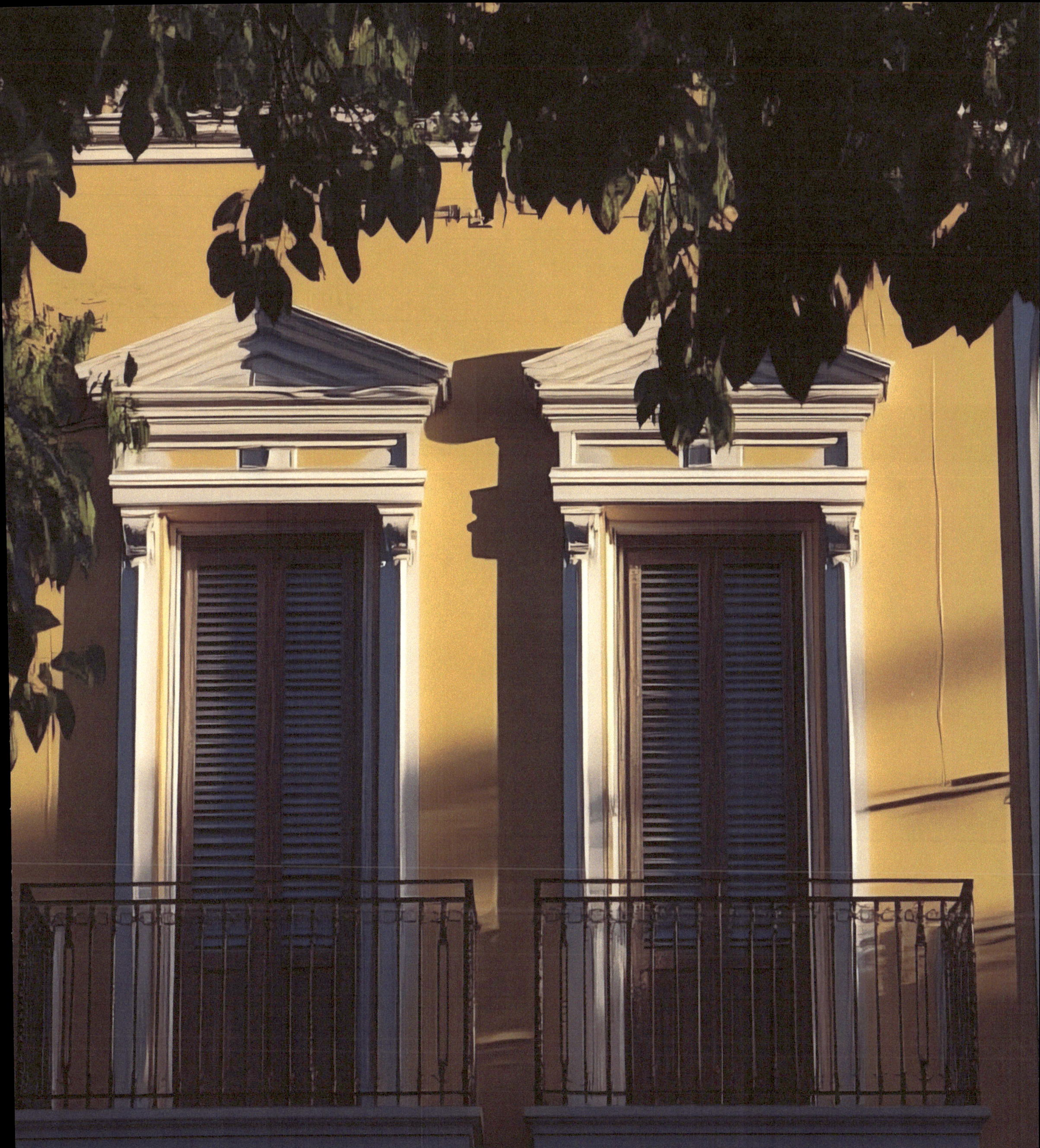

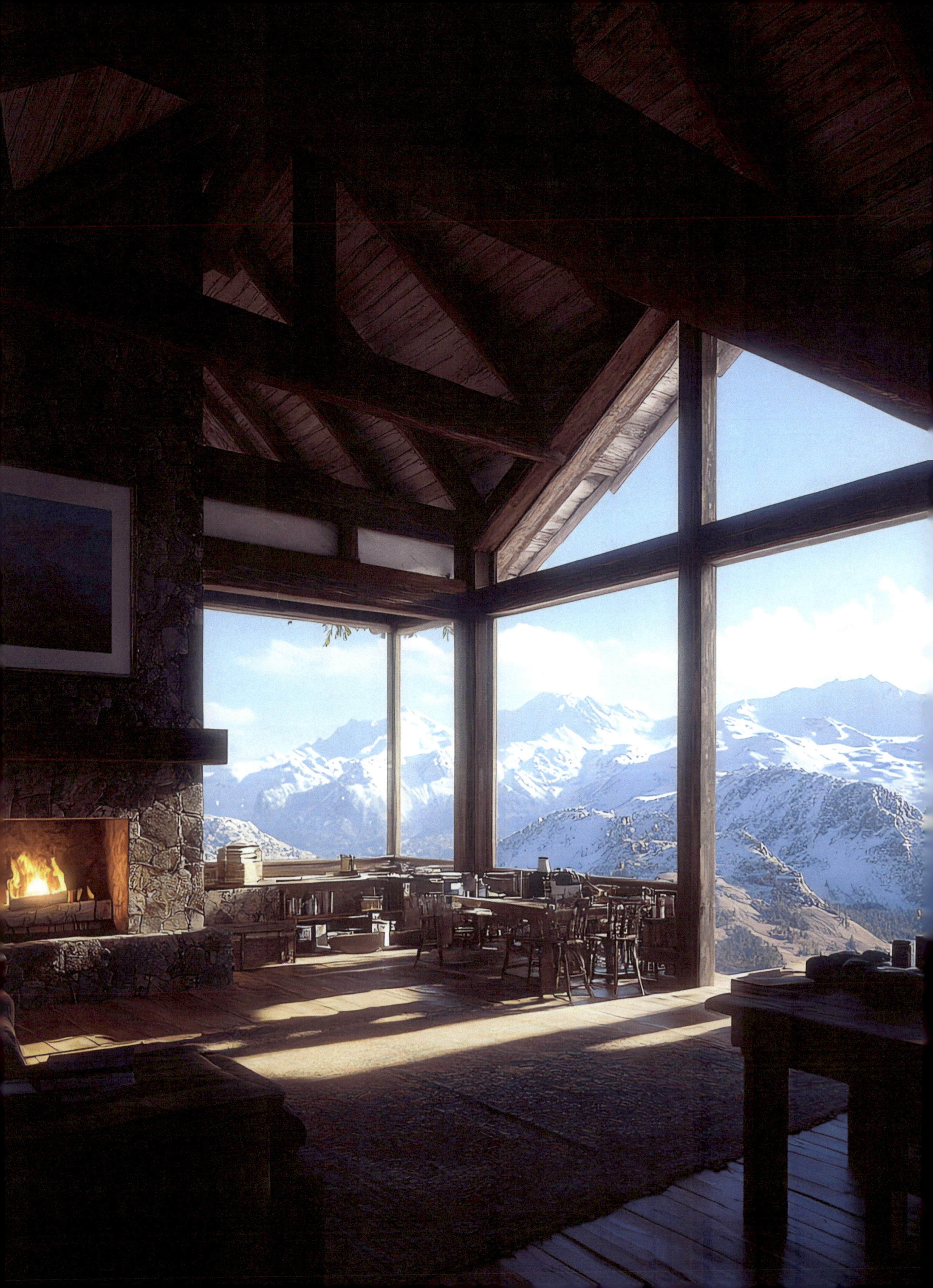

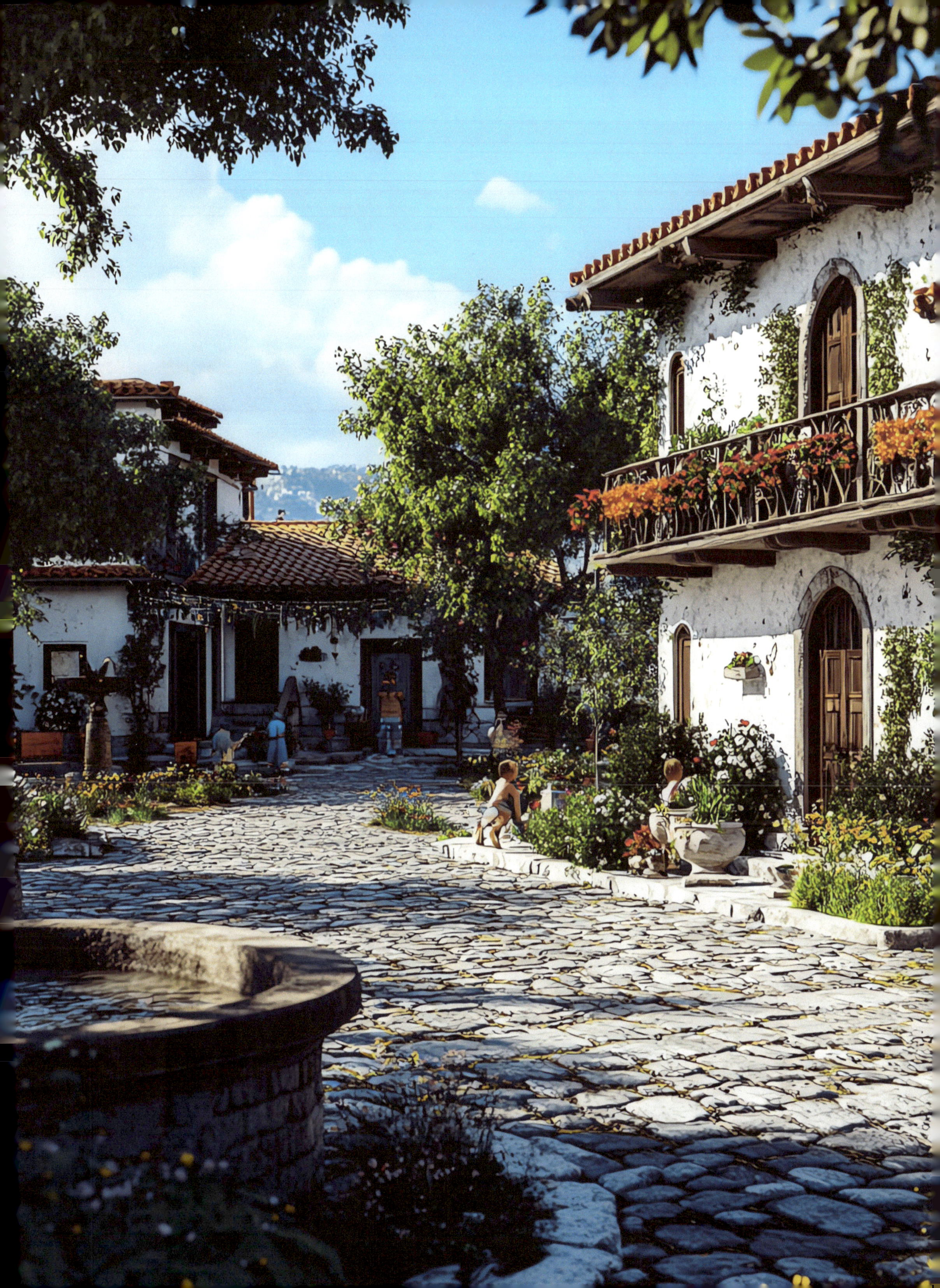

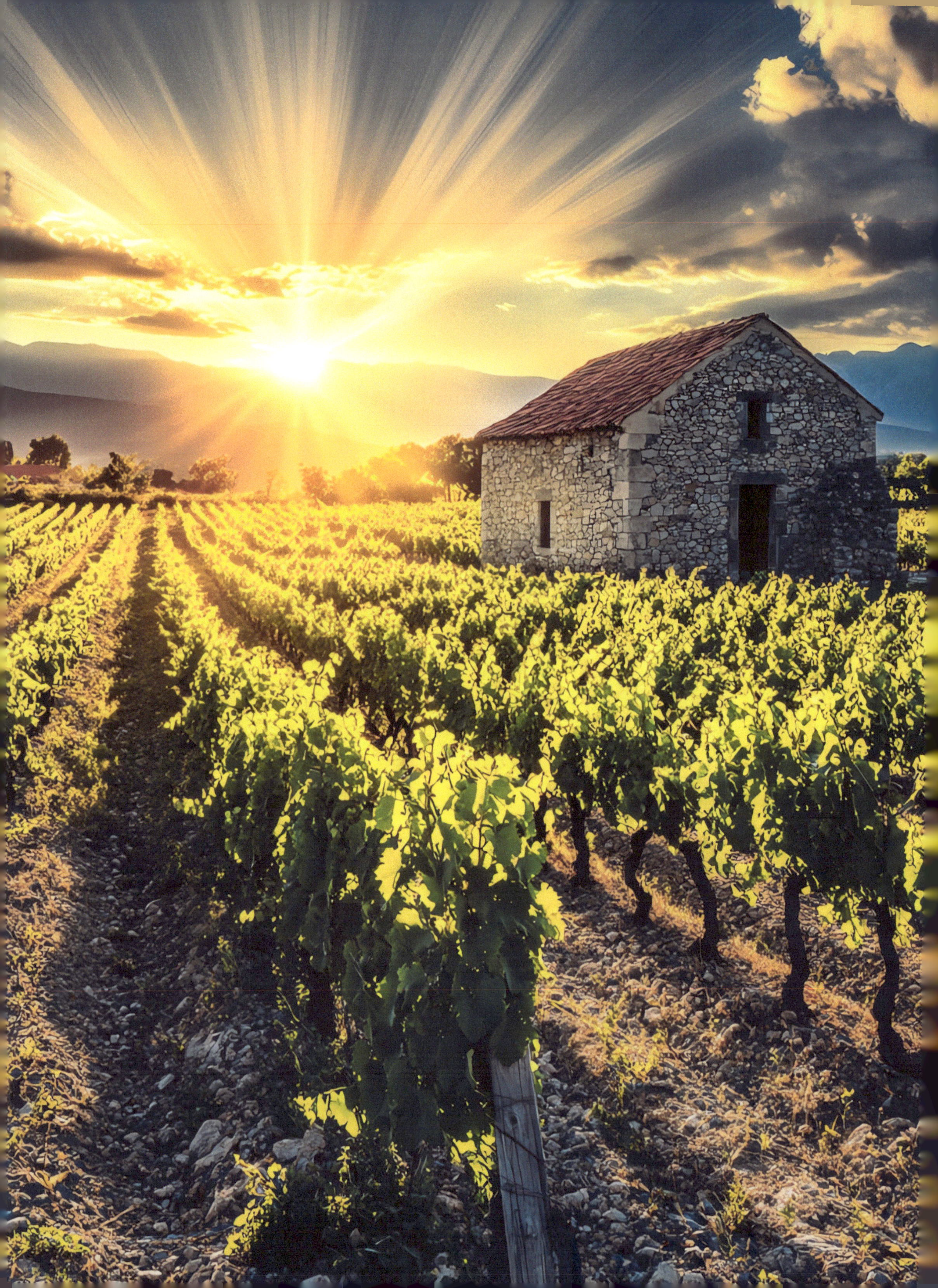

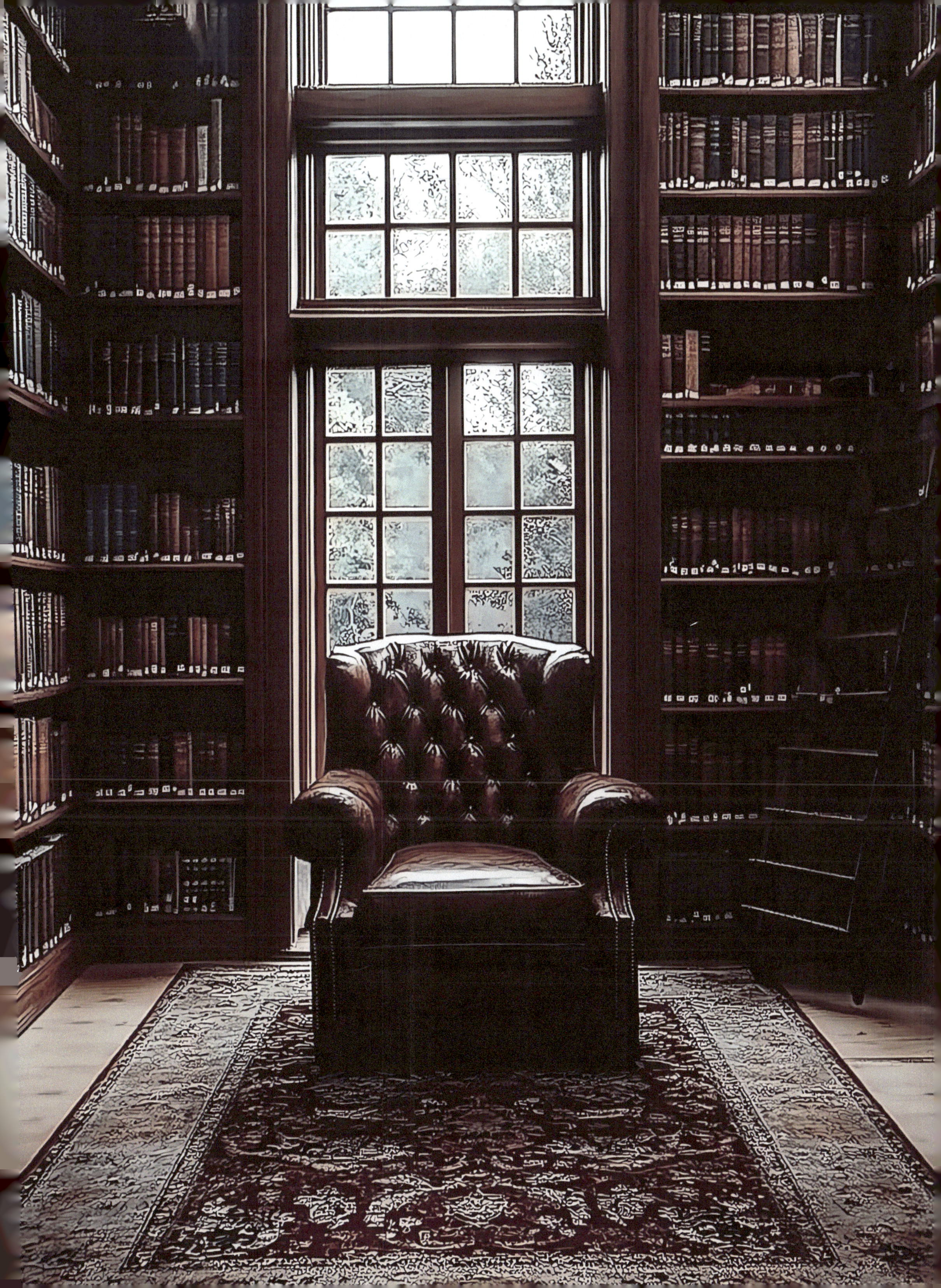

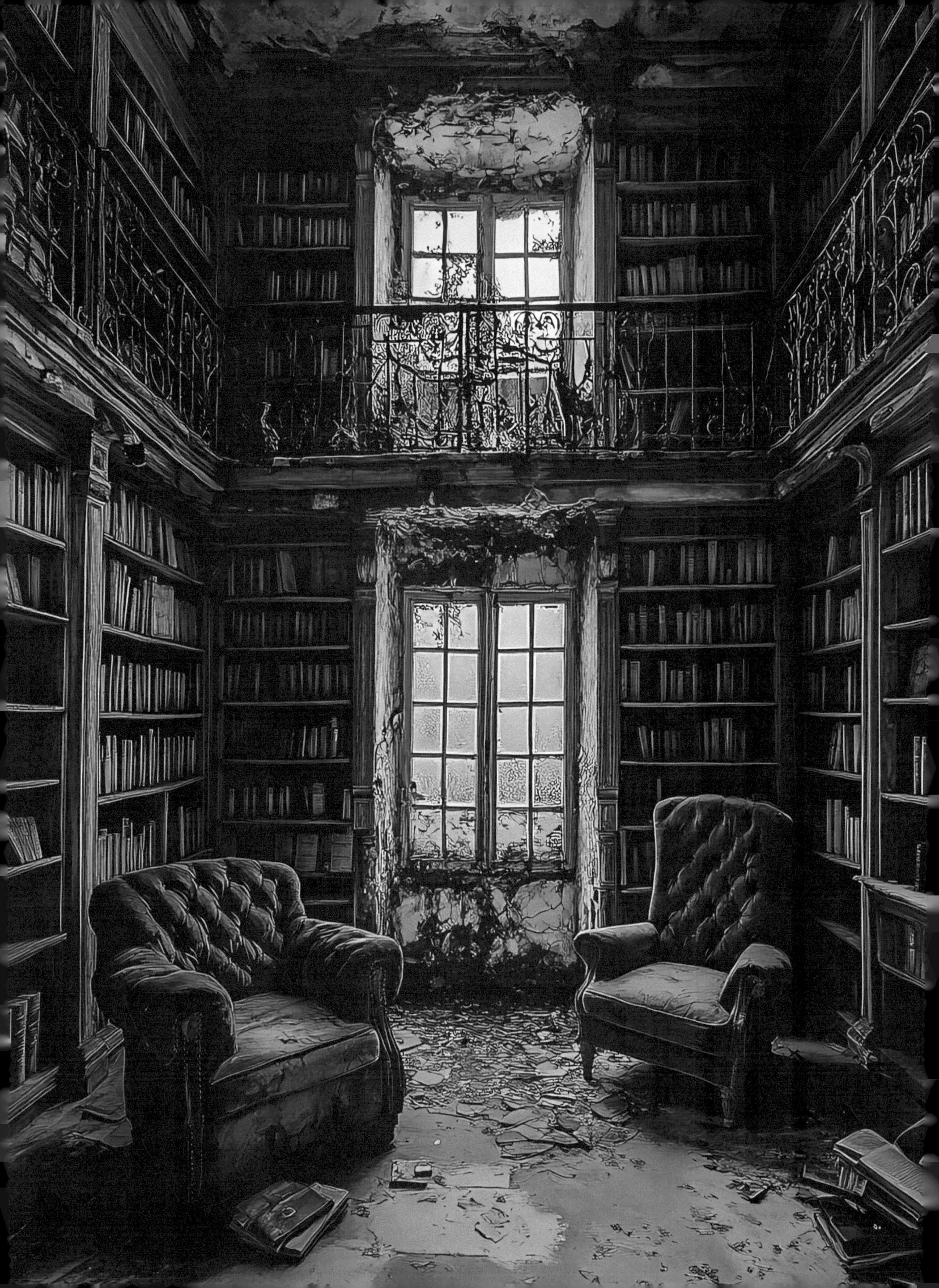

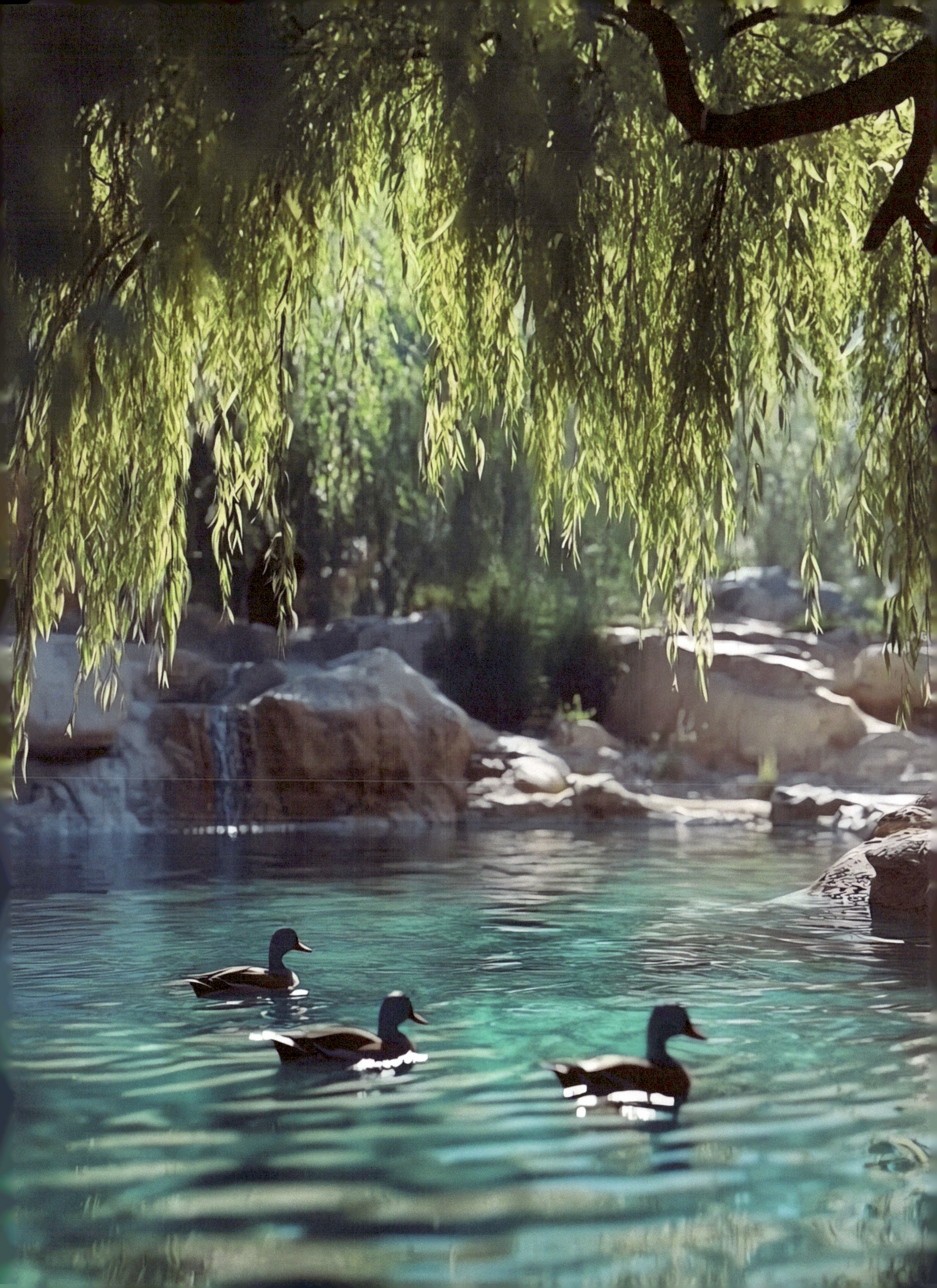

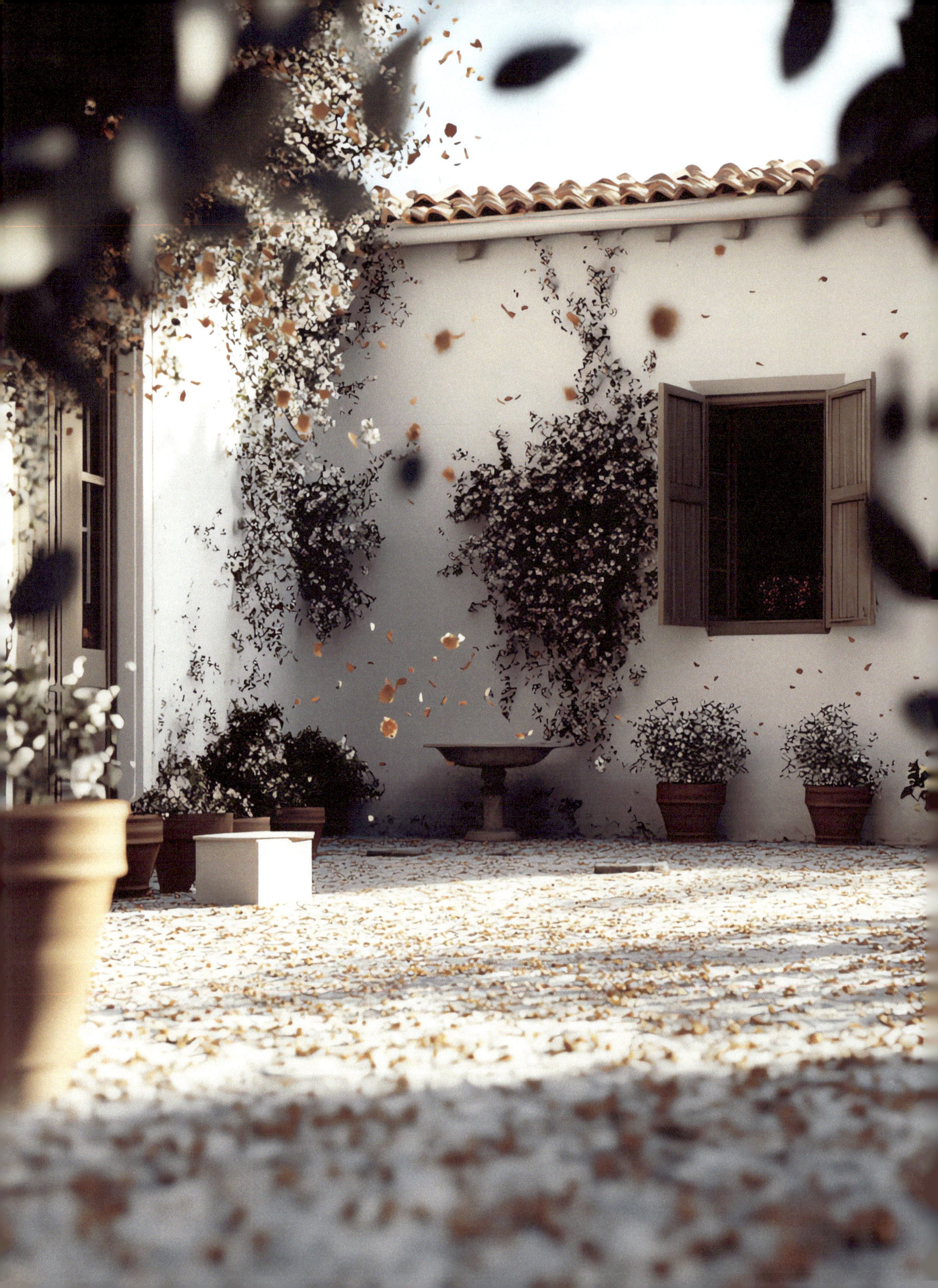

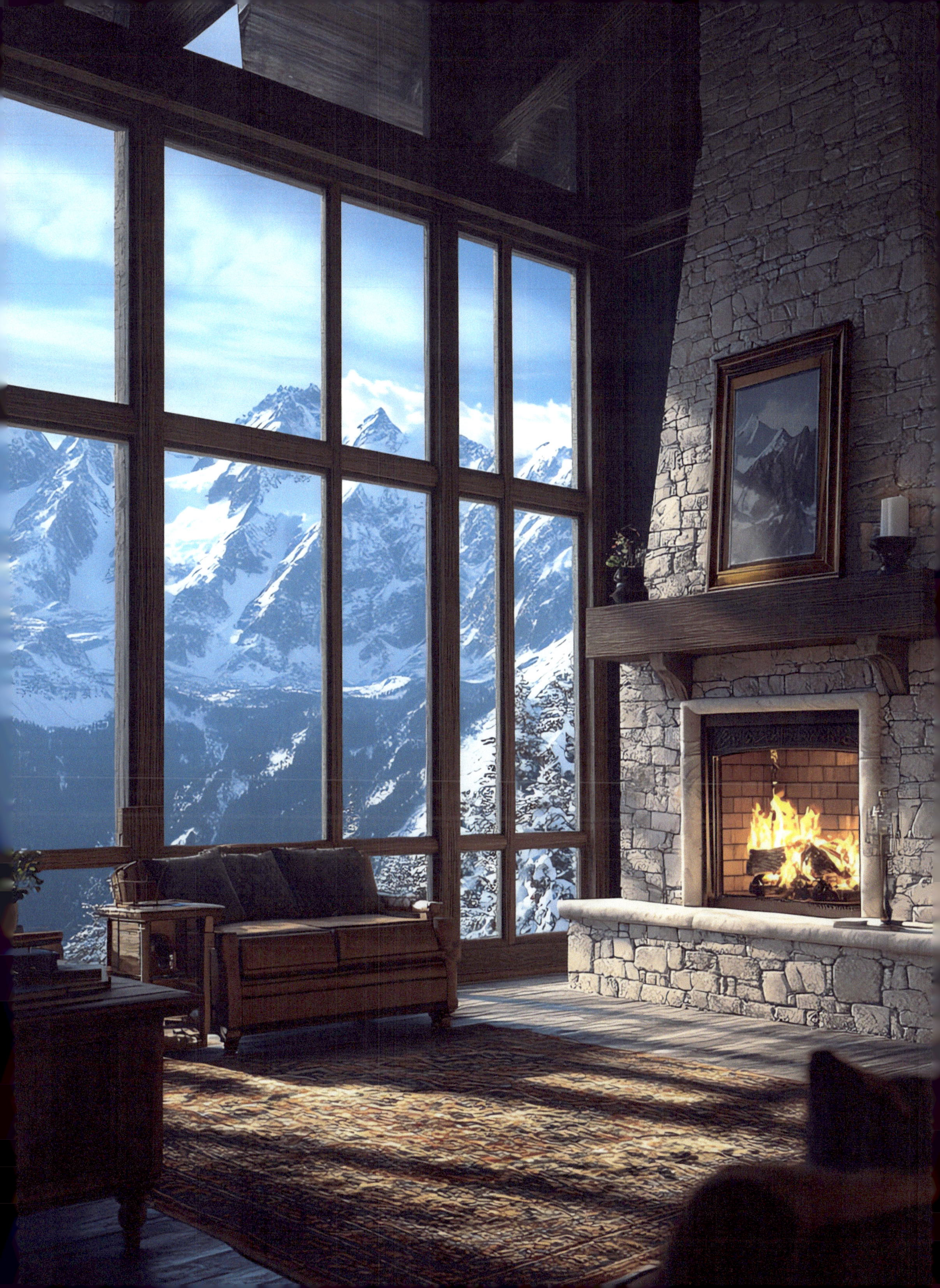

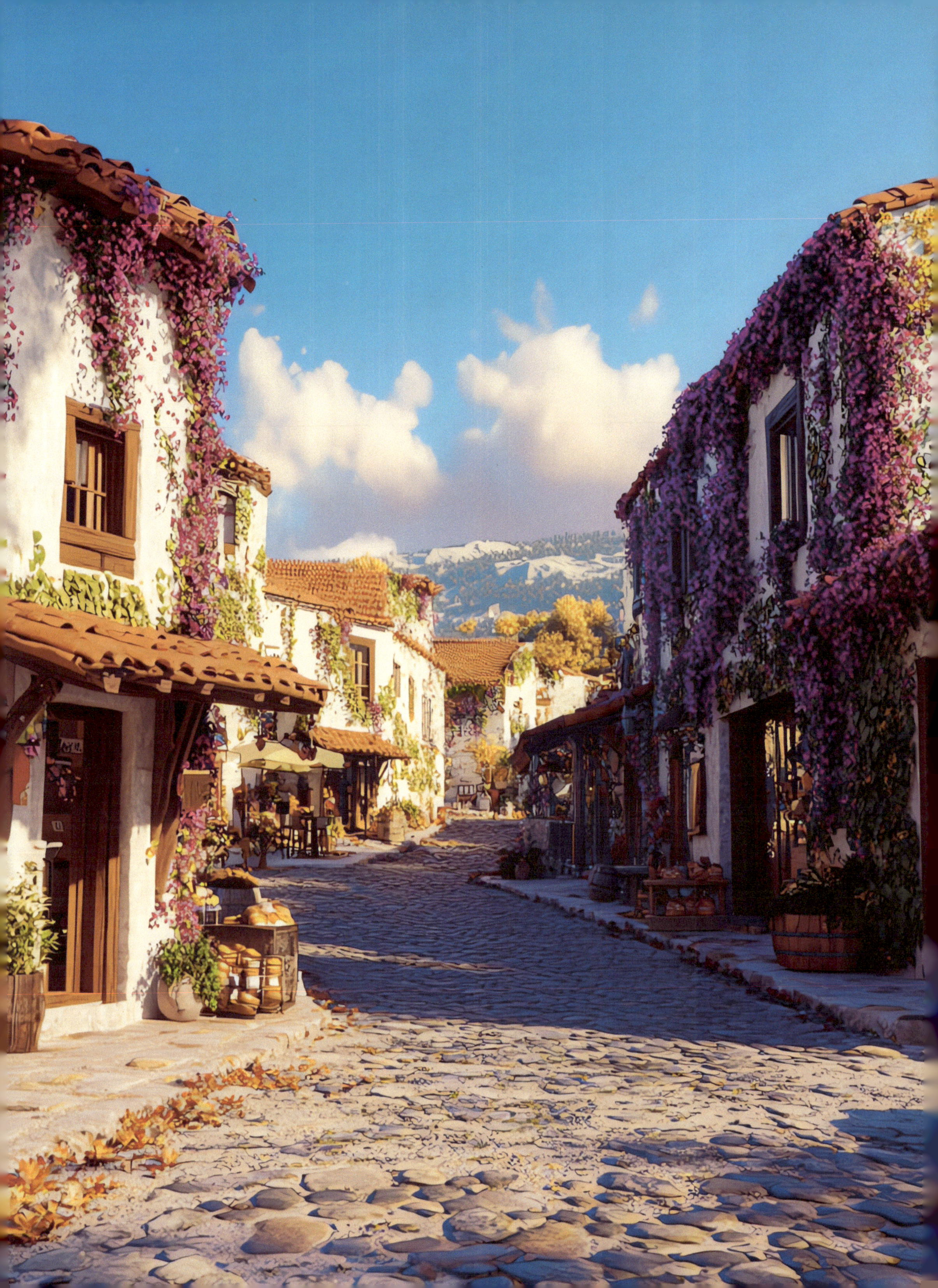

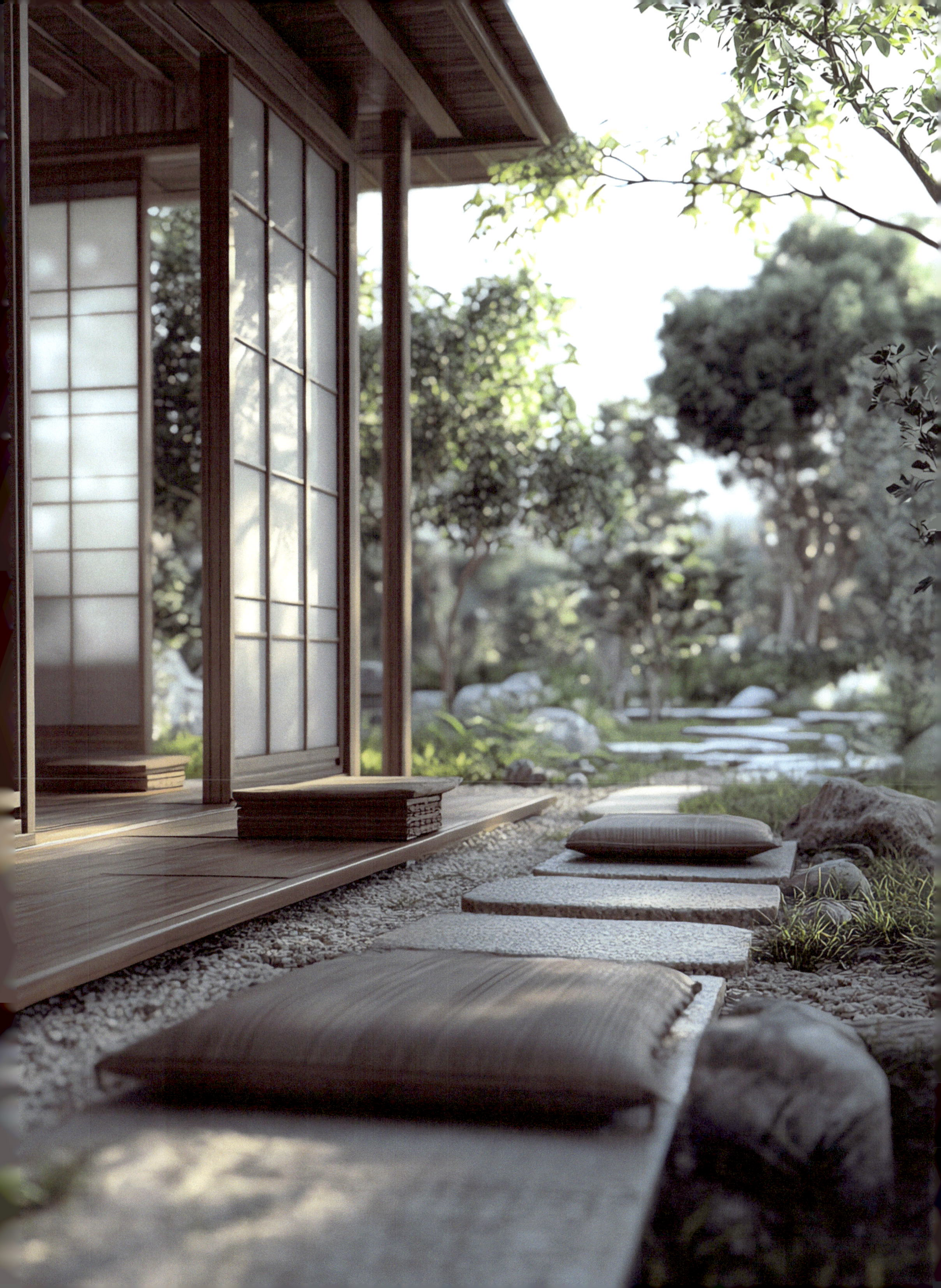

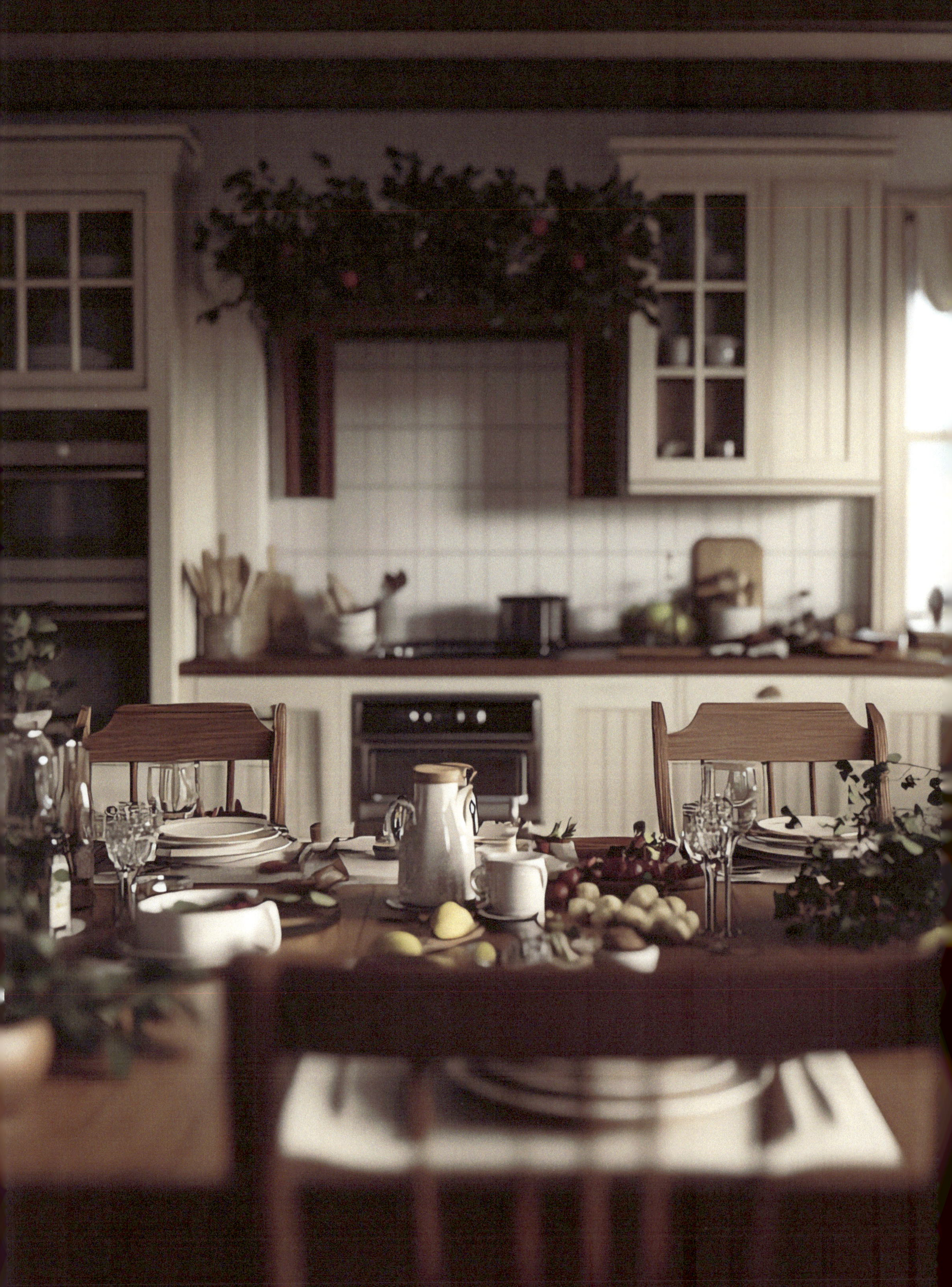

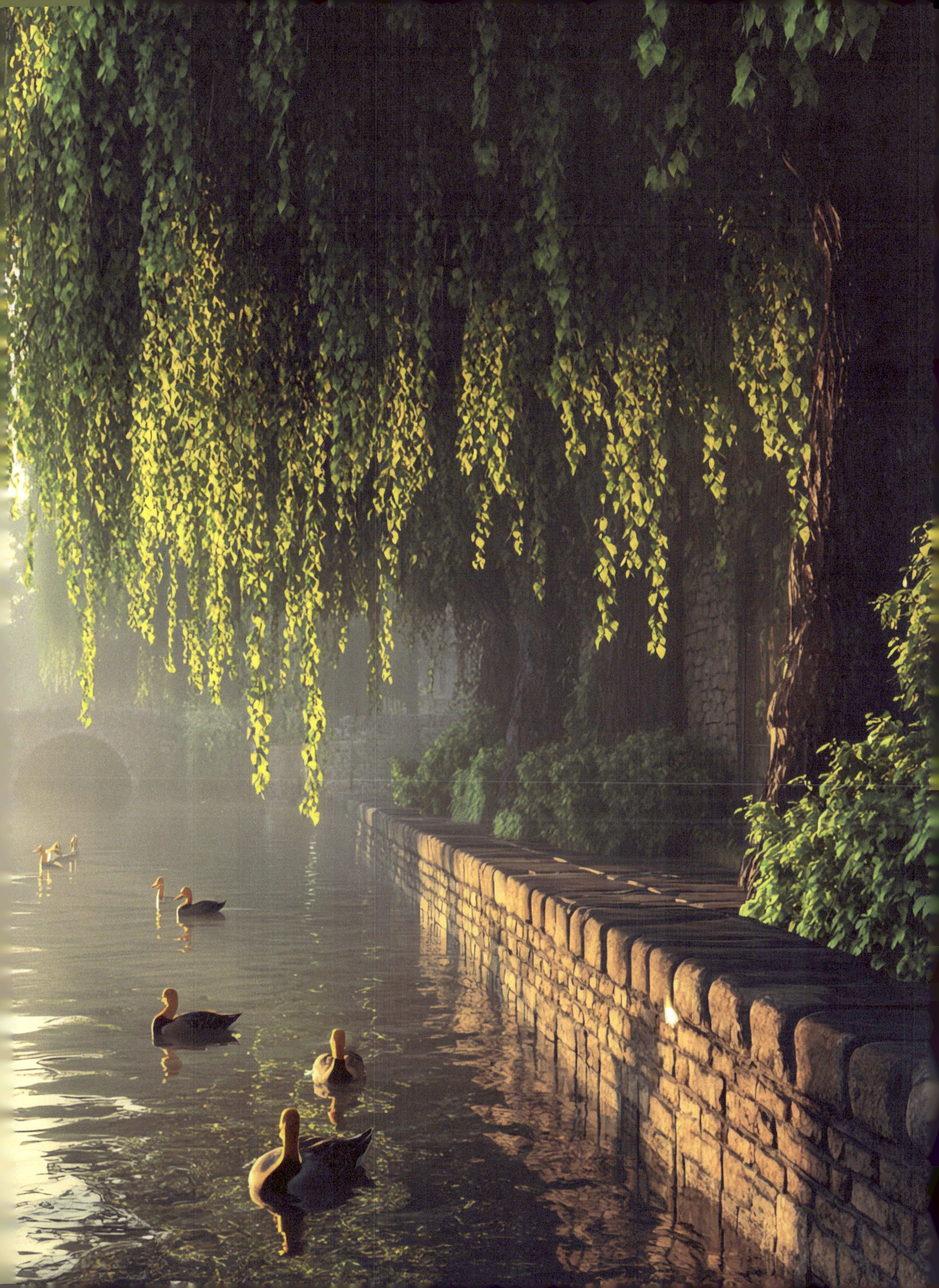

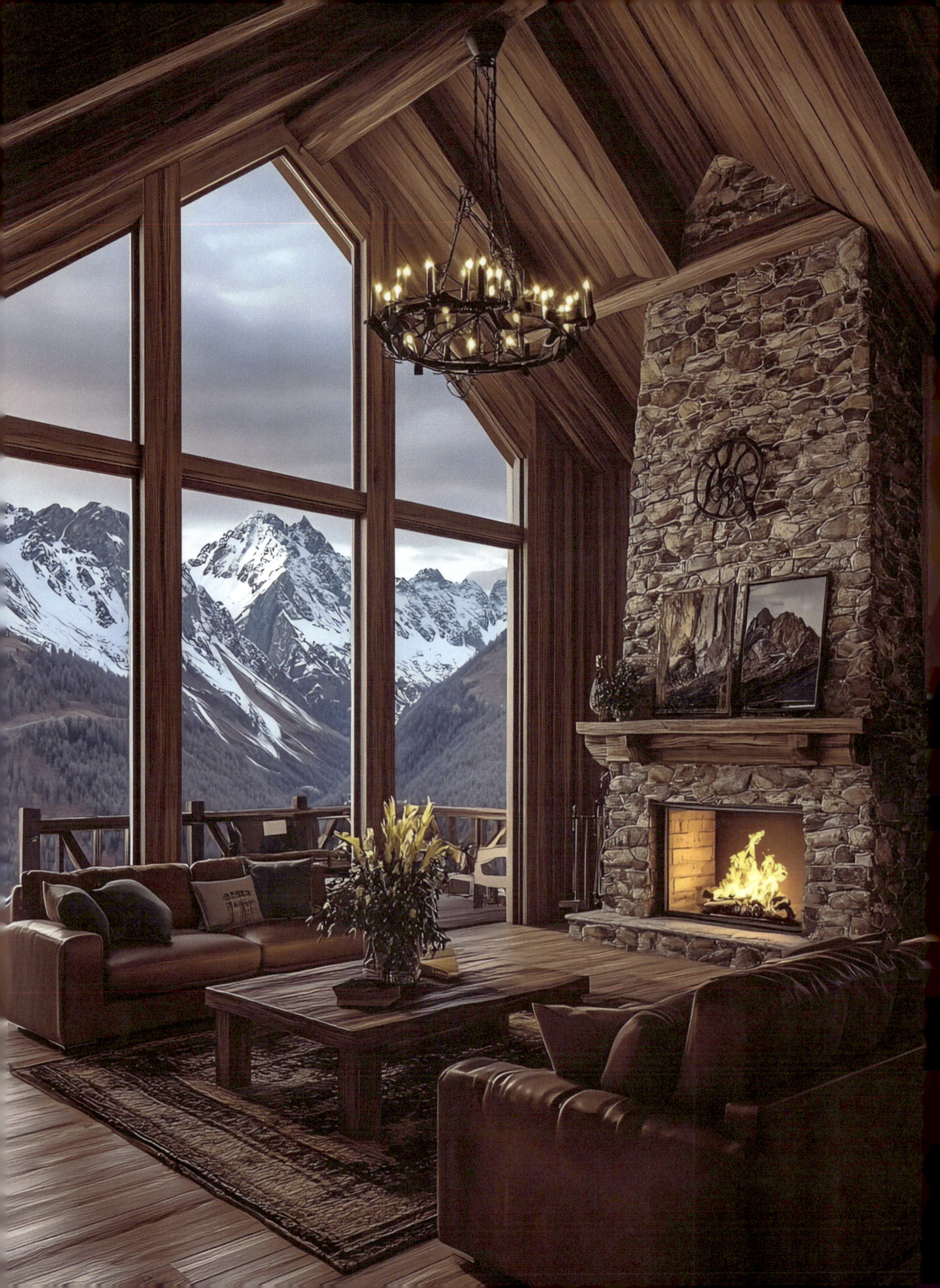

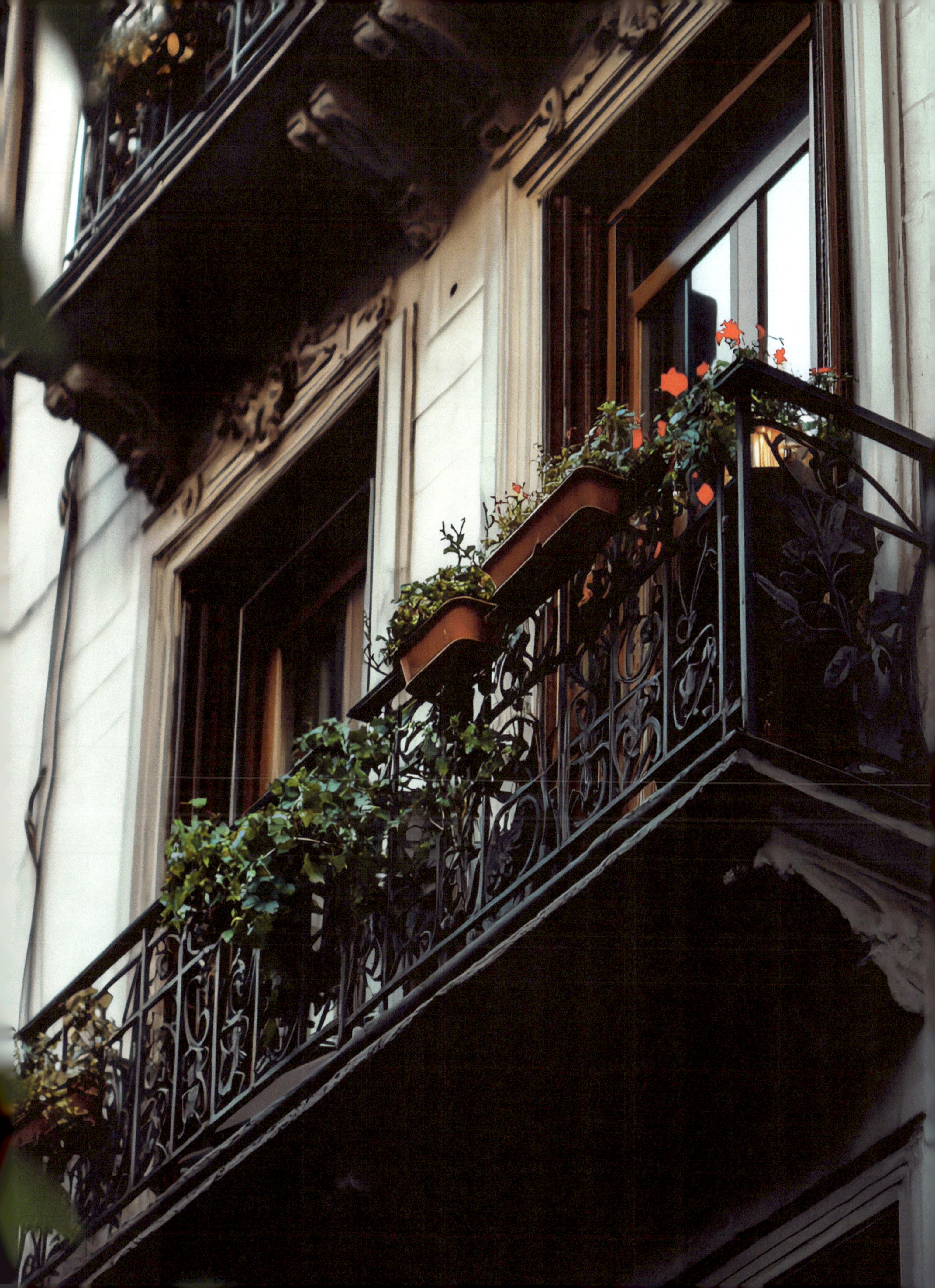

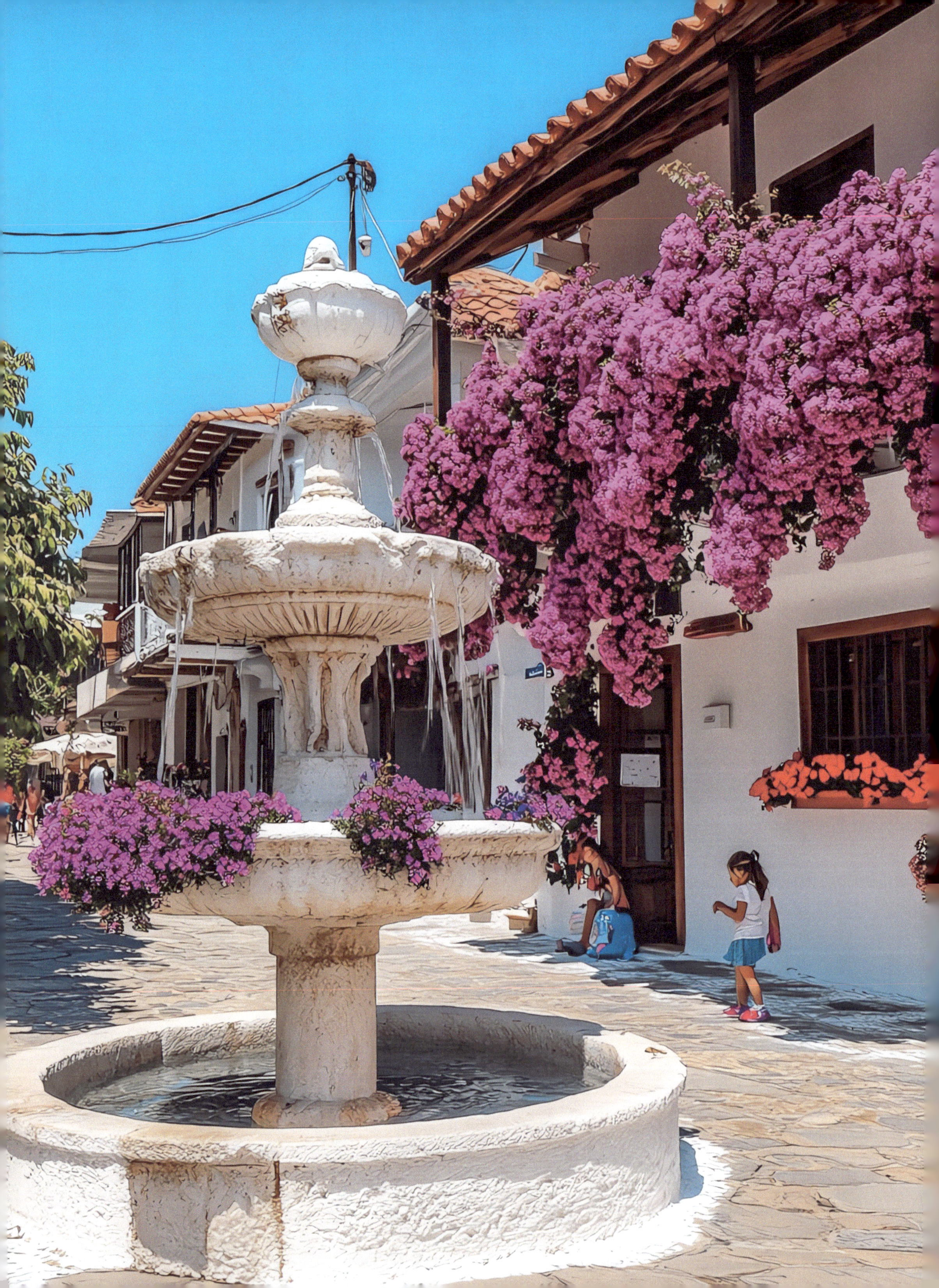

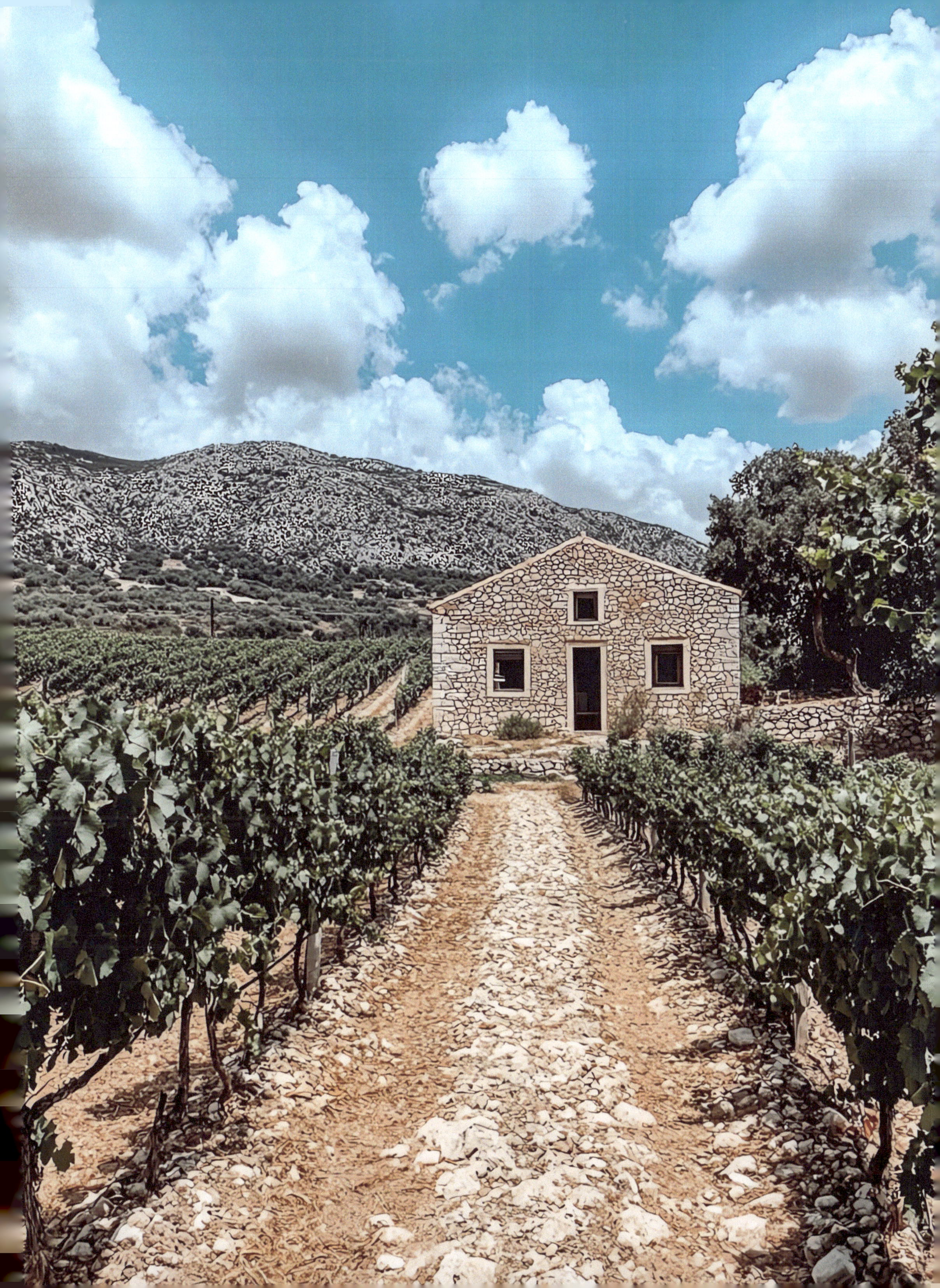

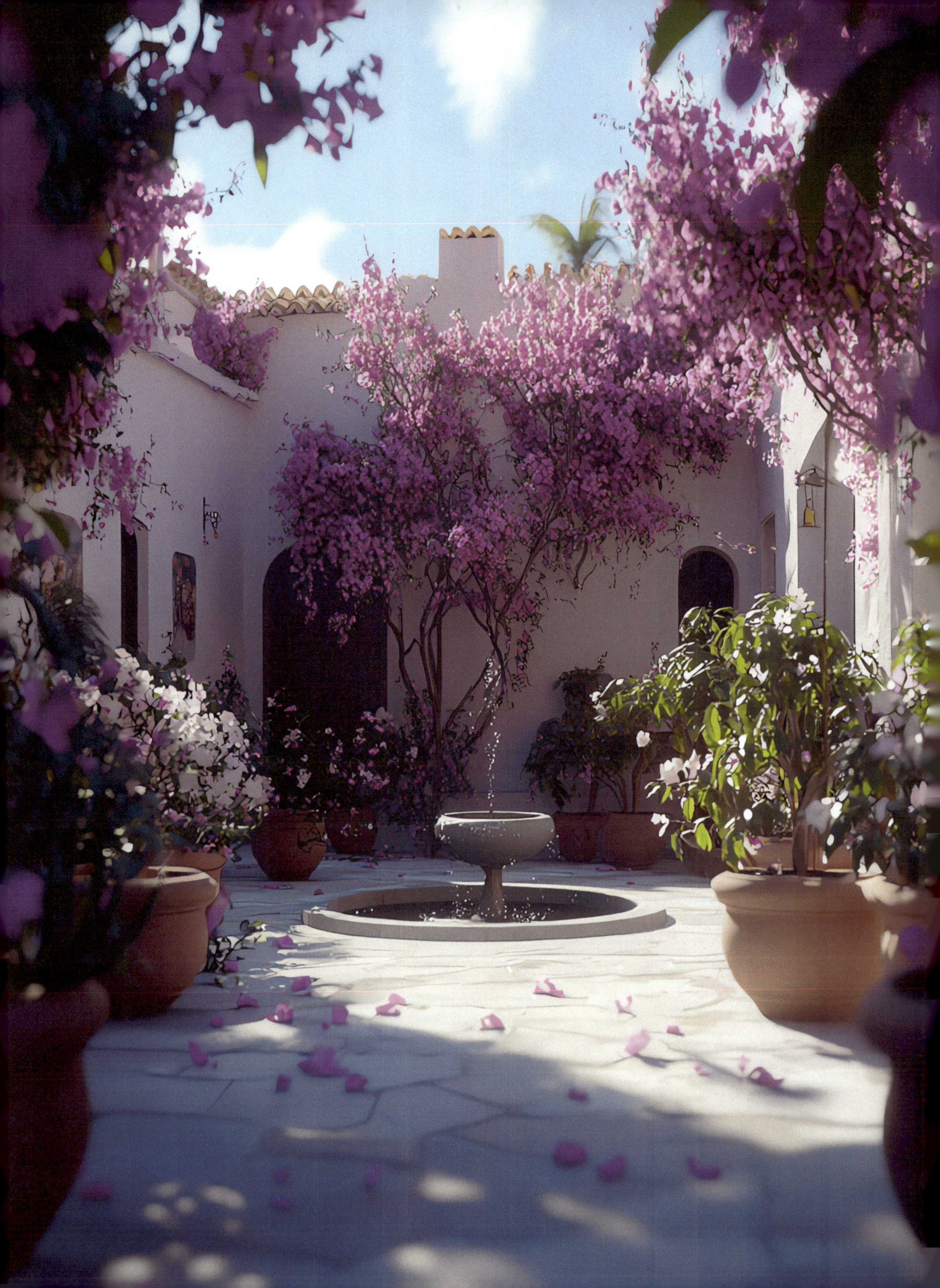